U0151936

明代登科錄彙編十

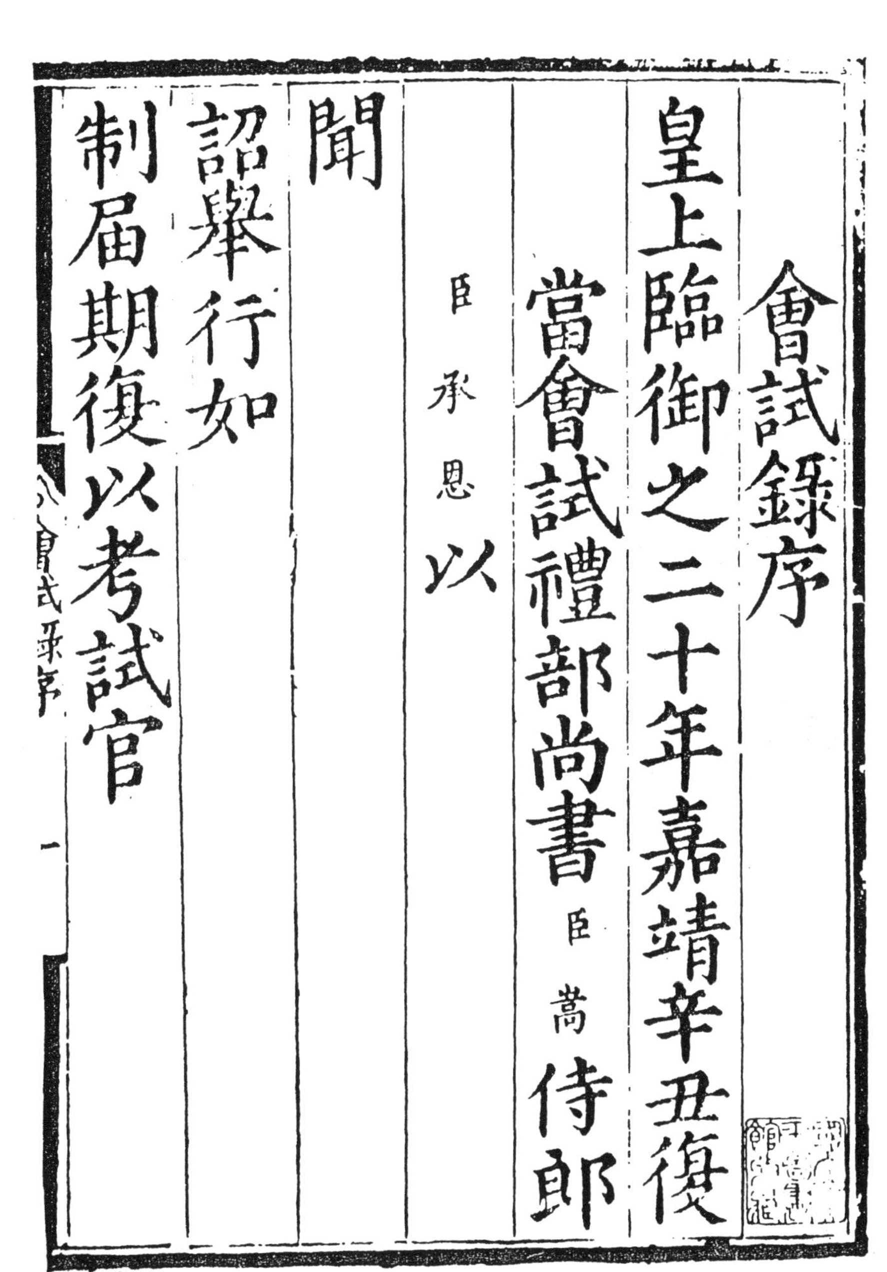

會試錄序

皇上臨御之二十年嘉靖辛丑復
當會試禮部尚書臣嵩侍郎
臣承恩以
聞
詔舉行如
制届期復以考試官

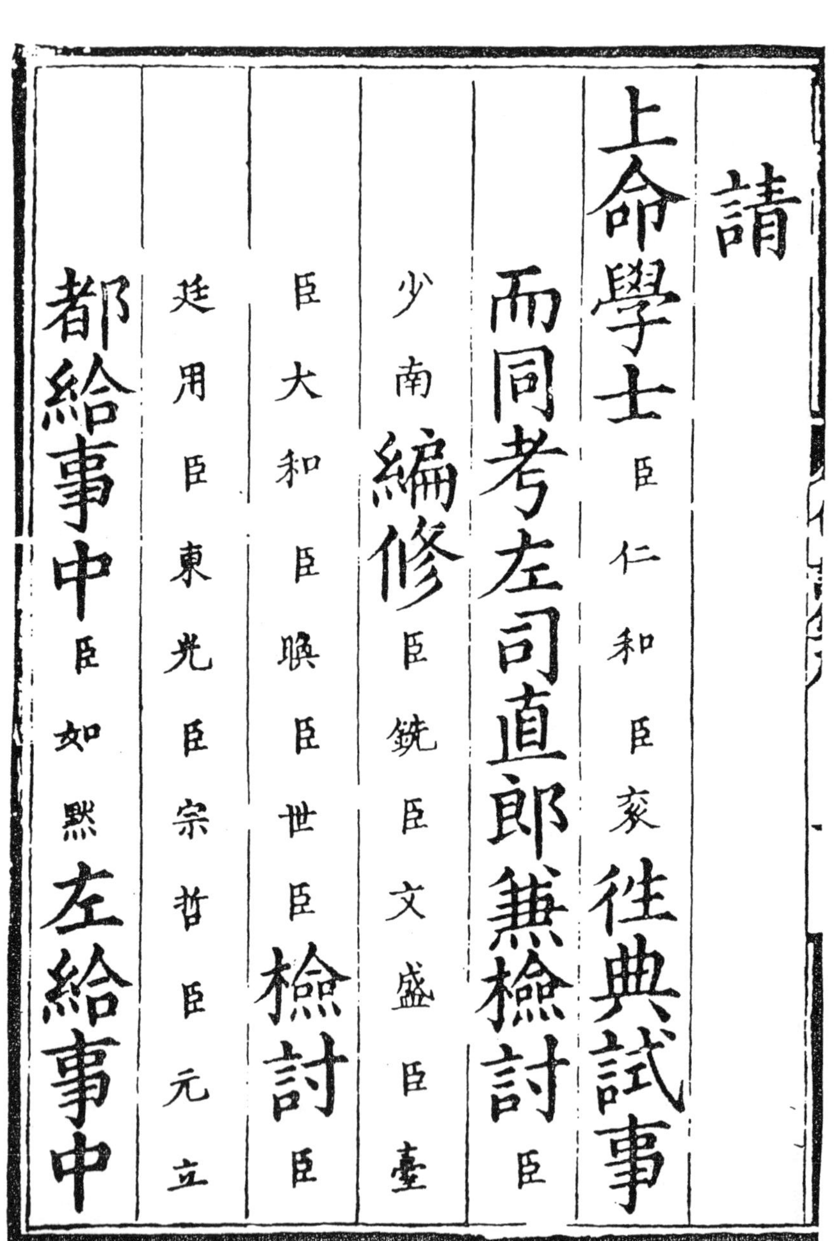

請

上命學士臣仁和臣亥往典試事

而同考左司直郎兼檢討臣

少南編修臣銑臣文盛臣臺

臣大和臣暎臣世臣檢討臣

廷用臣東光臣宗哲臣元立

都給事中臣如默左給事中

臣時給事中臣宅署郎中事
主事臣堯時署員外郎事主
事臣塾臣曉監試御史臣珊
臣秉雲其他百執事慎選咸
集臣始被
命驚惕不遑惟無以塞
明詔稱

德意是懼既
陛辭入院迺誓衆蒞事惟謹時天
下士就試者四千人有奇既
如期三試之糊名易書硃卷
匭入仁和袞次第槩閱於聚
奎堂有特出者手自籍記而
後分授諸同考同考精閱之

復以特出者來授於堂仁和
袞肆日夜之力獨校籌焉參
之二場以觀其才俟之三場
以驗其博見其詞嚴義正渾
厚典則者曰是必素有涵蓄
自守不惑者也見其雄深俊
逸敷腴暢達者曰是必淹貫

百家油然自得者也見其平
易和厚莊重簡雅者曰是必
慈祥豈弟純明正直者也悉
取之反是而浮誕而險怪而
蕪雜而委靡一切弗與焉甄
別既久拔其尤者具額以俟
宸斷得三百人爰第其氏名張之

甲榜並刻其文之純者彙稡
爲錄將以
陛見之日
進呈
乙覽以傳之天下以昭
今日之盛事臣以職事宜序諸
首簡迺作而言曰洪惟我

國家稽古建制選舉之法至精
且備矣盖自設科惟進士科
爲重章縫之士凡抱一材一
藝者率欣慕企望而欲得之
父師之所訓教有司之所督
課積歲計日作率之曰必如
是而後可與是選也其得與

是選者
臚傳
賜第於
廷釋褐祭菜於廟宮袍
錫燕於省題名立石於學分曹肆
政於官自時厥後都高官膺
顯爵輔理承化彌綸參賛之

事業胥此焉出進士之重如

此夫所重於進士者重其俊

傑也

國家以是取士士之所以自待

者何如乃令羣然旅進之中

竭三日之力悉攄所蘊而欲

俊傑並入於網羅固可得乎

昔人云非敢望振十得五得
其一二亦足以佐治彼盖謂
俊傑論也仰惟
皇上以大聖之資居
君師之位
撫盈成之運當
中興之時凡大制作大沿革一

一潤色古今儀範百世自
臨御以來
簡賢用人特惓惓焉凡所任使悉
出於
淵衷得於獨見而後用之果得其
人即超越大用之精神之所
感召意氣之所招徠重之以

祖宗
列聖之作養
深仁厚澤之培植而謂是科無
是人乎臣不佞素所望於天
下士如此今日被選舉之任
敢以俊傑爲天下賀而竊附
於以人事

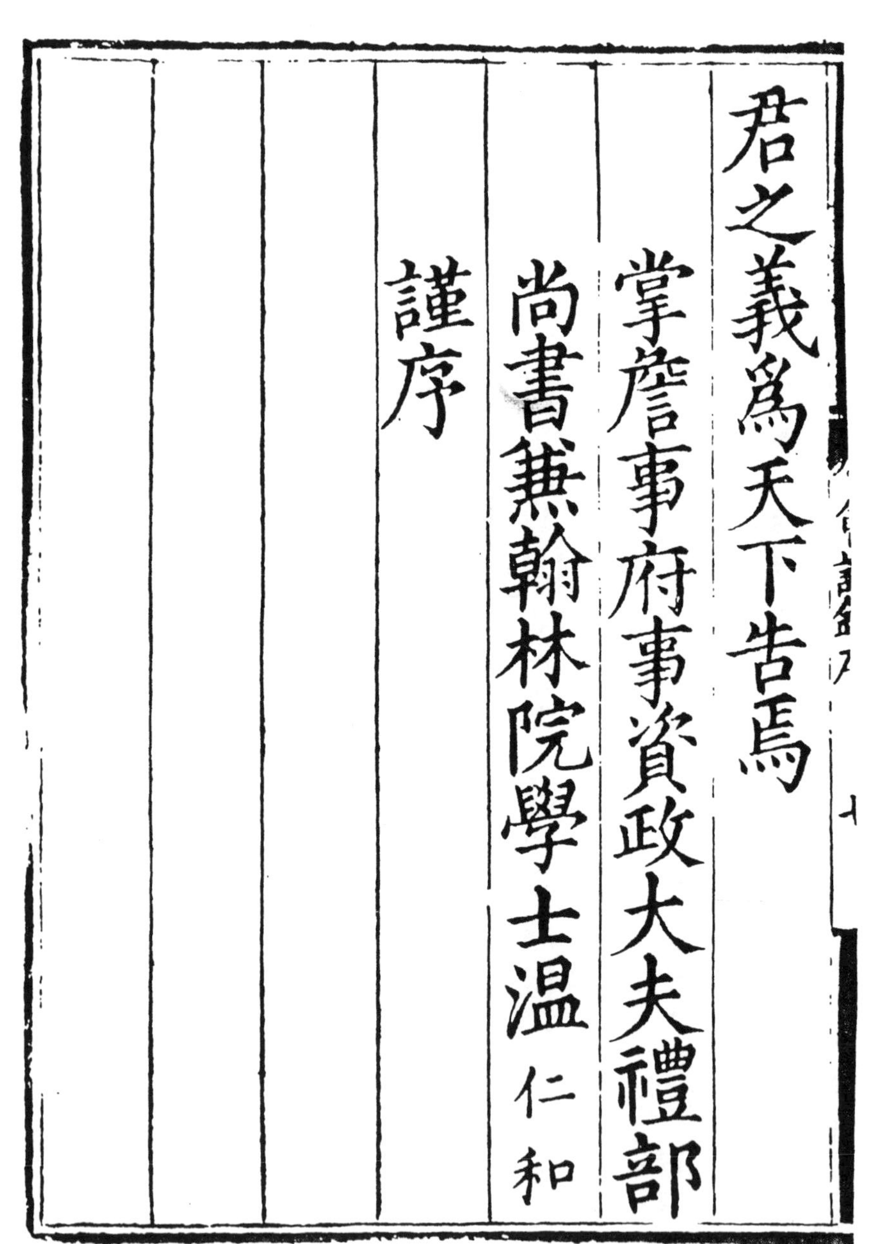
君之義爲天下告焉
掌詹事府事資政大夫禮部
尚書兼翰林院學士溫仁和
謹序

嘉靖二十年會試

知貢舉官

光祿大夫柱國少保兼太子太保禮部尚書翰林院學士嚴嵩 惟中江西分宜縣人乙丑進士

嘉議大夫禮部右侍郎兼詹事府詹事兼翰林院侍讀學士孫承恩 貞甫直隸華亭縣人辛未進士

考試官

掌詹事府事資政大夫禮部尚書兼翰林院學士溫仁和 民懷四川華陽縣人壬戌進士

翰林院侍讀學士奉直大夫張袞 補之直隸江陰縣人辛巳進士

同考試官

左春坊左司直郎兼翰林院檢討謝少南 應午應天府上元縣籍江西贛縣人壬辰進士

翰林院編修文林郎敖銑 純之江西高安縣人 乙未進士

翰林院編修文林郎駱文盛 質甫浙江武康縣人 乙未進士

翰林院編修文林郎尹臺 崇基江西永新縣人 乙未進士

翰林院編修文林郎康太和 原中福建莆田縣人 乙未進士

翰林院編修文林郎歐陽瞣 學章直隸武強縣人 乙未進士

翰林院編修文林郎嵇世臣 思用浙江歸安縣人 乙未進士

翰林院檢討徵仕郎黃廷用 汝行福建莆田縣人 乙未進士

翰林院檢討徵仕郎陳東光 叔晦河南鈞州人 乙未進士

翰林院檢討徵仕郎盧睿 濬卿直隸德州左衛人 乙未進士

翰林院檢討徵仕郎全元立（汝禮浙江鄞縣人 乙未進士）

吏科都給事中邢如默（宣甫山東臨邑縣人 己丑進士）

徵仕郎禮科左給事中高時（行之浙江臨安縣人 乙未進士）

兵科給事中安宅（子仁山東冠縣人 乙未進士）

工部虞衡清吏司署郎中事主事胡堯時（子中江西泰和縣人 丙戌進士）

吏部文選清吏司署員外郎事主事劉塾（汝學江西鄱陽縣人 己丑進士）

吏部考功清吏司署員外郎事主事鄭曉（室甫浙江海鹽縣人 癸未進士）

監試官

文林郎河南道監察御史董珊（邦奇陝西膚施縣人 丙戌進士）

文林郎江西道監察御史李[illegible]雲 子雨河南鈞州人 壬辰進士

提調官

承直郎禮部儀制清吏司主事王楠 惟喬直隸盧州衛官籍 浙江會稽縣人戊戌進士

承直郎禮部祠祭清吏司主事吳崑 美之直隸吳江縣人 戊戌進士

印卷官

承德郎禮部儀制清吏司署郎中事主事葛守禮 與立山東德平縣人 己丑進士

承德郎禮部儀制清吏司署員外郎事主事易寬 栗夫江西安福縣人 乙未進士

收掌試卷官

承德郎禮部主客清吏司主事傅棨 來臨直隸清苑縣人 官生

大理寺左寺左寺副吳昴 希明浙江平陽縣人儒士

受卷官

四川保寧府同知王聘 叔儒陝西山陽縣籍咸寧縣人癸酉貢士

直隸廬州府無為州知州沙廷珪 大器陝西寧羌衛籍澄城縣人壬午貢士

廣東惠州府河源縣知縣侯鑫 和甫廣西横州人巳卯貢士

湖廣黃州府羅田縣知縣林宗桂 世芳福建閩縣人乙酉貢士

彌封官

直隸真定府通判魏琦 德輝山西平定州人巳卯貢士

直隸永平府通判夏時中 寅之湖廣黃岡縣人癸酉貢士

直隸廬州府無為州知州甘志通 行之廣西横州人壬午貢士

湖廣長沙府茶陵州知州張邦學 時敏廣西桂林中衛人壬午貢士

謄録官

河南河南府陝州閿鄉縣知縣史衢 雲卿陝西兩當縣人戊子貢士

河南開封府鄭州河陰縣知縣袁廷瑛 光父湖廣耒陽縣人乙酉貢士

四川成都府成都縣知縣羅應元 子真雲南河陽縣人壬午貢士

四川保寧府劔州梓潼縣知縣歐纂 尚賢貴州赤水衛籍浙江嘉興縣人壬午貢士

對讀官

直隸保定府新城縣知縣段璠 廷實山西懷仁縣人乙酉貢士

河南彰德府磁州涉縣知縣馮鉞　民民順天府保定縣人　乙酉貢士

直隸真定府冀州判官趙賓　伯嚴直隸懷遠縣人　監生

山東濟南府濱州判官鄭廷用　汝賢浙江宣平縣人　監生

巡綽監門官

懷遠將軍山東濟南衛指揮同知朱嗣功　孝卿直隸宣城縣人

懷遠將軍直隸揚州衛指揮同知徐乾　子健直隸江都縣人

明威將軍山東臨清衛指揮僉事薛金　子南直隸嘉定縣人

明威將軍直隸高郵衛指揮僉事陳瑶　惟玉山後宜興州人

明威將軍山東大嵩衛指揮僉事胡平　守正湖廣黃岡縣人

明威將軍山東萊州衛指揮僉事姚龍 子雲順天府宛平縣人

供給官

承直郎禮部祠祭清吏司主事徐緯 文成浙江山陰縣人 戊戌進士

承直郎順天府通判黎瞻 道卓廣東番禺縣人 壬午貢士

文林郎順天府大興縣縣丞李安國 定之直隸揚州府通州人 監生

文林郎順天府宛平縣縣丞王輅 良載陝西涇陽縣人 監生

迪功郎順天府大興縣主簿李世節 邦貞山西振武衛人 監生

迪功郎順天府宛平縣主簿辛存惠 恤之陝西階州人 監生

第壹場

四書

何事於仁必也聖乎

故君子語大天下莫能載焉

始條理者智之事也終條理者聖之事也

智譬則巧也聖譬則力也

易

觀天之神道而四時不忒聖人以神道設

教而天下服矣

巽乎水而上水井井養而不窮也

夫乾其靜也專其動也直是以大生焉夫

坤其靜也翕其動也闢是以廣生焉

震者動也物不可以終動止之故受之以

艮艮者止也物不可以終止故受之以

漸

書

帝光天之下至于海隅蒼生萬邦黎獻共

惟帝臣

先王惟時懋敬厥德克配上帝今王嗣有

令緒尚監茲哉

平康正直彊弗友剛克燮友柔克沉潛剛

克高明柔克

受王嘉師監于茲祥刑

詩

坎坎伐檀兮寘之河之干兮河水清且漣

漪不稼不穡胡取禾三百廛兮不狩不

獵胡瞻爾庭有縣貆兮彼君子兮不素

餐兮

永錫爾極時萬時億

有命自天命此文王于周于京

撻彼殷武奮伐荊楚冞入其阻裒荊之旅

有截其所湯孫之緒維女荊楚居國南

鄉昔有成湯自彼氐羌莫敢不來享莫

敢不來王曰商是常

春秋

冬會陳人蔡人楚人鄭人盟于齊 僖公十

有九年

秋宋公楚子陳侯蔡侯鄭伯許男曹伯會于盂執宋公以伐宋　楚人使宜申來獻捷　十有二月癸丑公會諸侯盟于薄釋宋公僖公二十有一年

晉陽處父帥師伐楚以救江文公三年

春叔弓帥師圍費昭公十有三年

禮記

故聖人耐以天下爲一家以中國爲一人

第貳場

者非意之也必知其情辟於其義明於
其利達於其患然後能爲之
人生而靜天之性也感於物而動性之欲
也物至知知然後好惡形焉
言而履之禮也行而樂之樂也
言從而行之則言不可飾也行從而言之
則行不可飾也是故君子寡言而行以
成其信

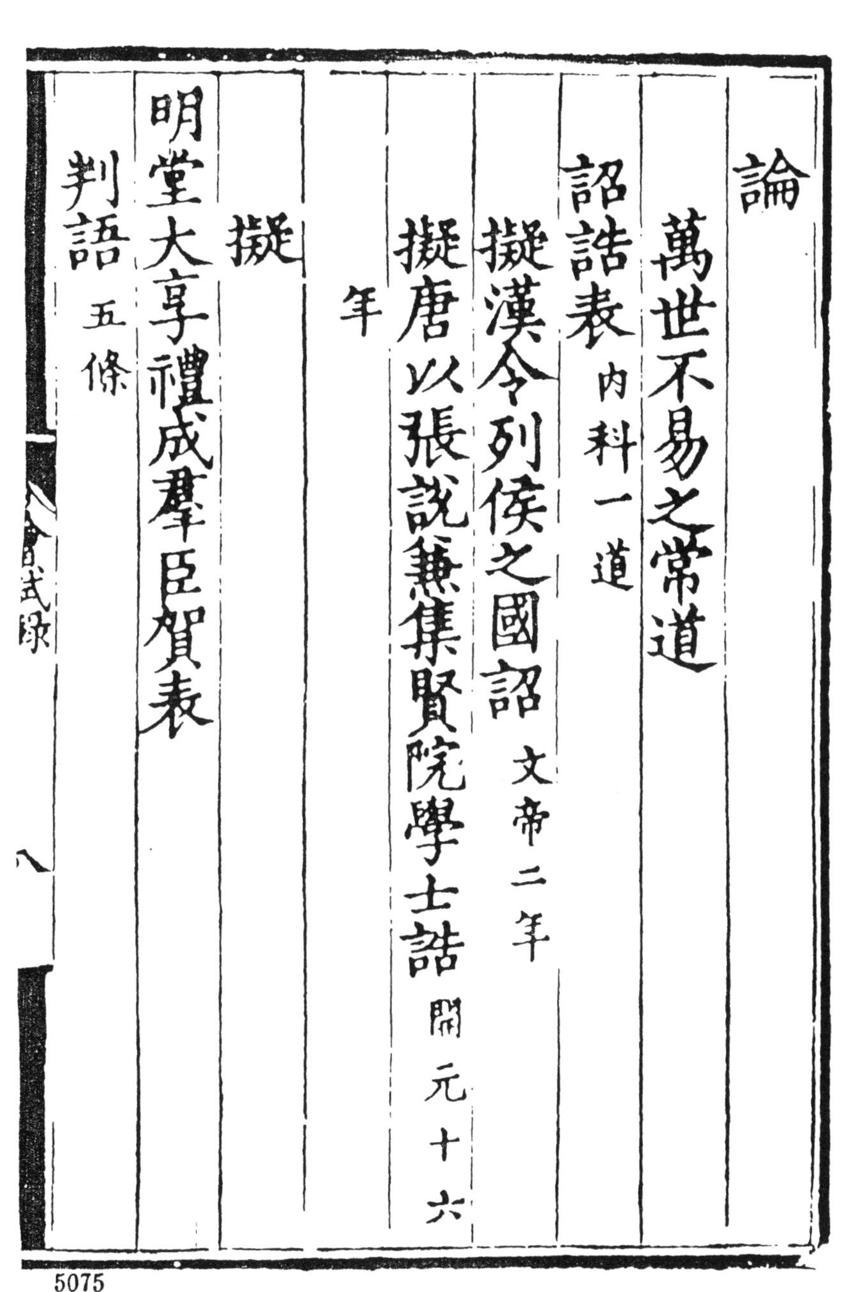

論

萬世不易之常道

詔誥表 內科一道

擬漢令列侯之國詔 文帝二年

擬唐以張説兼集賢院學士誥 開元十六年

擬

明堂大享禮成羣臣賀表

判語 五條

大臣專擅選官

人戶以籍爲定

服舍違式

關津留難

官司出入人罪

第叁場

策五道

問古之聖人相與繼天立極而宗統之傳

有自來矣孟子篇終歷敘堯舜禹湯文

武以至周公孔子則又曰有見而知之
者有聞而知之者嗣是而後無聞焉漢
唐以來英君誼辟或表章六經或銳情
書史或崇尚儒臣其於斯道亦皆聞知

否乎我
太祖高皇帝以生知之聖中天地爲三綱五常
之主寵綏四方則既功在萬世矣迨我
皇上撲道統天制禮作樂仁風翔洽上下同流
嘗伏讀

重華殿等各置經書備覽一詩徵言邃旨精
明瑩白會萬理而一之眞足以集羣聖
之大成而紹徽
皇祖先聖後聖其揆一也其功夫節目聖敬始
終豈無在乎爾諸士子涵濡
鴻化有年肆鋪張揚厲之以見我
明之所以盛
問書曰爾有嘉謀嘉猷則入告爾后于内
古之人臣懷仁義以事其君未嘗不以

將順臣愚以爲忠姑以漢事一二言之班
固載董仲舒之三策於史范曄紀崔寔
政論數十條於書其間講明天下治亂
興衰之理可謂詳且切矣不知二子之
論果能明於政體益於當時如史之所
稱否也今其書具在所謂三策數十條
之中雖其世代既遠俗尚不同亦有可
采而行之於今者乎或又謂任法不如
任人聽言不如觀行豈法不足盡倚以

爲治而言皆空文無可效歟懷用世之志者其爲我酌古今言之

問御兵以將而將所以御之者法法不得將與無兵同古今所患也然就其兵法而論之大要不過曰權謀曰形勢曰陰陽曰技巧而已四者之說何所始歟春秋戰國而下兵家者流往往操是術而用之或以取勝或以敗事同而功異何歟今其勝敗得失之故具載方冊可

備舉其人與事而言之歟或又謂兵之
强弱將實係焉將一也而有一軍之將
有百里之將有天下之將若何以量其
分而知其然歟夫論兵與將而國之安
危係焉則選將論兵其法不可不之慎
也果何道以持之而後可
問易曰君子多識前言往行以畜其德先
哲邈矣則夫言行之存不有可錄者乎
粵自理學不明學者不知用心於内多

恃其意氣才力之盛以期有爲於世雖
見聞之博詞令之美論議之韙節槩之
高然揆中而責實要久而待歸鮮能及
矣我
朝名臣言行既刻有錄以風示海内近時楊
廉始摘其四人又益之以十一人特爲
一錄以傳名曰理學以别之不知政事
學問其有異乎其所取者果皆無疵於
公論而能合聖賢之旨乎今其名氏出

處與夫言行之大者具載錄中皆足以
關諸畜德願有聞也
問天下事多矣今日之所最急者莫要於
漕河
國家財賦仰給東南比者徐呂二洪河流斷
絶不可以舟將來糧運何以繼之伊昔
漕河之設昉於何時中更變置修復於
何人其間良法美意亦有可講者乎歷
漢而唐而宋漕入之路建置之法亦各

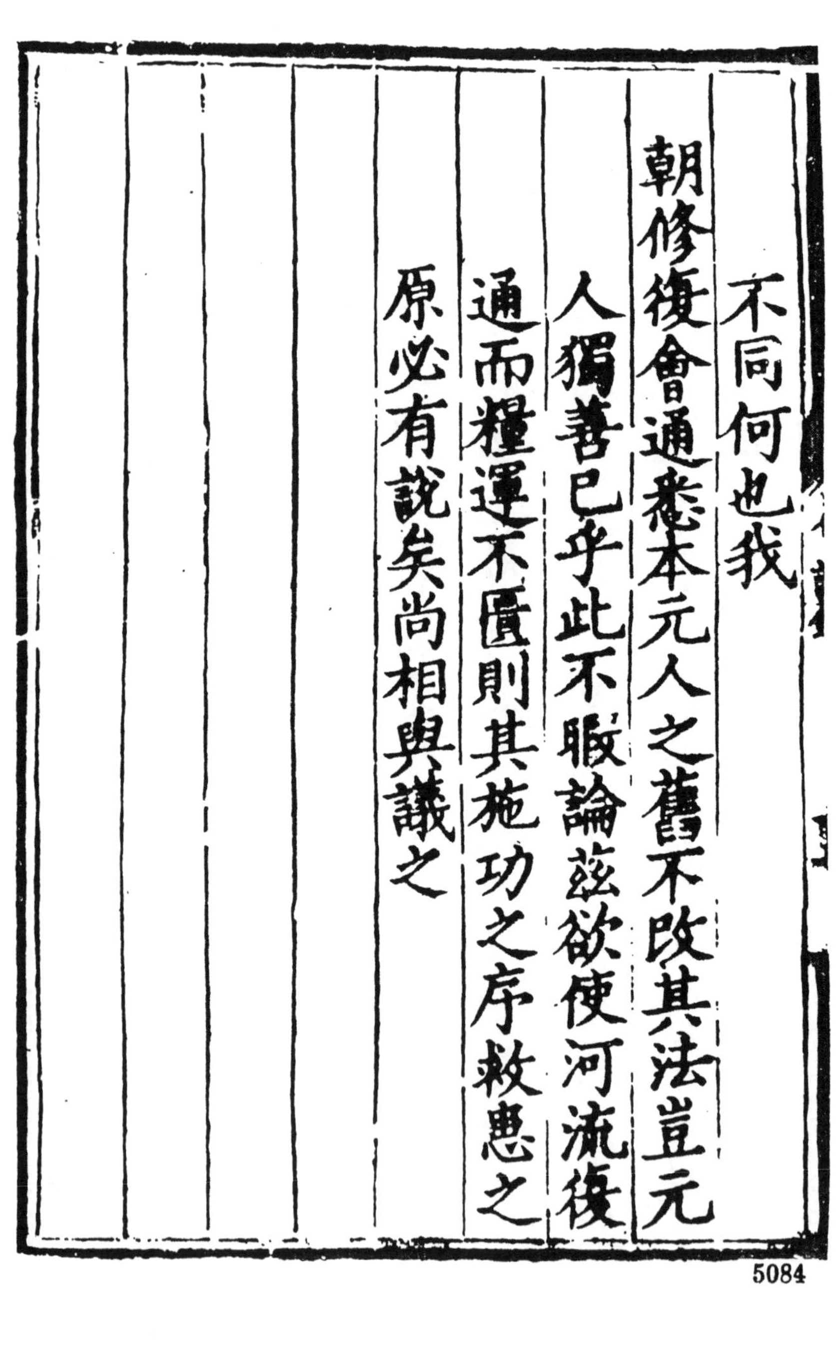
不同何也我

朝修復會通叅本元人之舊不改其法豈元

人獨善已乎此不暇論茲欲使河流復

通而糧運不匱則其施功之序救患之

原必有說矣尚相與議之

中式舉人三百名

第一名林樹聲　直隸華亭縣學生　春秋

第二名黃養蒙　福建南安縣學生　詩

第三名何孟倫　廣東新會縣人監生　易

第四名萬壽　直隸宜興縣人監生　書

第五名陳陛　浙江餘姚縣學生　禮記

第六名徐霈　浙江江山縣人監生　易

第七名潘晟　浙江新昌縣學生　書

第八名劉子興　廣東海陽縣學生　詩
第九名方治　湖廣麻城縣學生　春秋
第十名馬鐘英　廣東順德縣學附學生　禮記
第十一名吳三樂　河南洛陽縣學生　易
第十二名雷賀　江西豐城縣學生　書
第十三名何良傅　直隸華亭縣人監生　詩
第十四名曹天憲　江西浮梁縣學生　易
第十五名王嵩　浙江餘姚縣學附學生　書
第十六名徐亮　直隸江陰縣人監生　詩

第十七名應雲鸑　浙江象山縣人監生　詩

第十八名殷邁　南京留守右衛人監生　易

第十九名宋大勺　浙江餘姚縣人監生　書

第二十名婁博　江西南昌縣學生　詩

第二十一名朱惟一　河南光州附學生　春秋

第二十二名潘仲驂　浙江烏程縣人監生　禮記

第二十三名何雲鴈　浙江分水縣人監生　易

第二十四名陳其樂　江西貴溪縣學生　書

第二十五名劉孟陽　直隸瀋陽中屯衛人監生　詩

第二十六名孫渭　福建閩縣附學生　春秋

第二十七名陳以勤　四川南充縣人監生　禮記

第二十八名王材　江西新城縣人監生　易

第二十九名黃顯　廣東瓊山縣人監生　詩

第三十名裴宇　山西澤州人監生　書

第三十一名陸美中　浙江餘姚縣人監生　易

第三十二名龔秉德　山東濮州學生　詩

第三十三名王惟中　福建晉江縣學生　易

第三十四名盛汝謙　直隸桐城縣人監生　書

第三十五名谷鍾秀　浙江餘姚縣學增廣生　詩

第三十六名費滂　浙江海鹽縣人監生　詩

第三十七名朱乾亨　武驤左衛人監生　易

第三十八名陳圭道　直隸滑縣學生　詩

第三十九名路伯鏜　應天府學附學生　書

第四十名陳時範　福建長樂縣學生　詩

第四十一名阮皇　應天府學增廣生　易

第四十二名楊惟賢　山東壽張縣學增廣生　詩

第四十三名李時濟　山東壽光縣學生　易

第四十四名鄧大鯤　廣東海陽縣學生　書

第四十五名謝應徵　直隸華亭縣學生　詩

第四十六名陳釆　浙江餘姚縣學附學生　春秋

第四十七名劉元凱　四川保寧府學生　詩

第四十八名許廷用　河南許州學正　易

第四十九名高拱　河南新鄭縣人監生　禮記

第五十名宋大武　浙江餘姚縣人監生　書

第五十一名張登高　山東濮州千戶所人監生　詩

第五十二名王俸　浙江杭州府學增廣生　易

第五十三名胡彥　湖廣沔陽衛千戶所人監生　書

第五十四名黃縉　河南密縣人監生　詩

第五十五名孫坊　錦衣衛人監生　易

第五十六名徐紳　直隸建德縣學生　詩

第五十七名董威　河南信陽州學增廣生　書

第五十八名龔雲從　福建莆田縣學附學生　禮記

第五十九名董士弘　直隸武進縣人監生　詩

第六十名宋岳　浙江紹興府學生　易

第六十一名李洞　山東萊陽縣人監生　春秋

第六十二名謝建試　浙江會稽縣人監生　詩

第六十三名尹禔懋　江西永新縣人監生　易

第六十四名戴仁　四川江油縣人監生　詩

第六十五名陰標　直隸容城縣人監生　書

第六十六名李鸞　廣東番禺縣人監生　詩

第六十七名齊準　四川成都左護衛人監生　易

第六十八名何光裕　四川梓潼縣人監生　書

第六十九名徐養正　廣西馬平縣人監生　詩

第七十名張子瑫　浙江寧波府學增廣生　易

第七十一名梁津　廣東番禺縣人監生　詩

第七十二名戴章甫　直隸休寧縣人監生　書

第七十三名崔一濂　廣東順德縣人監生　詩

第七十四名陳善　廣西全州學正　易

第七十五名張緯　江西南昌府學生　詩

第七十六名林一鳳　南京龍江左衛人監生　書

第七十七名李仰止　浙江湯溪縣學教諭　詩

第七十八名張鐸　南京留守後衛人監生　易

第七十九名彭謹　山東沂州學正　春秋

第八十名陳鑨　浙江分水縣學歲貢生　詩

第八十一名陸杲　錦衣衛人監生　禮記

第八十二名方大樂　福建興化府學附學生　書

第八十三名袁祖庚　直隸長洲縣學生　易

第八十四名王正容　山東寧陽縣學生　詩

第八十五名楊思忠　山西平定州人監生　書

第八十六名楊順　直隸德州左衛人監生　詩

第八十七名沈橋　浙江會稽縣人監生　易

第八十八名王景象　直隸歙縣人監生　詩

第八十九名周希程　山東壽張縣學教諭　書
第九十名周大有　浙江餘姚縣人監生　易
第九十一名劉九章　錦衣衛人監生　詩
第九十二名陳九德　直隸欒城縣學生　易
第九十三名王覺　直隸武進縣人監生　詩
第九十四名王嘉孝　河南鈞州學生　書
第九十五名夏子開　翰林院生員　詩
第九十六名吳天壽　順天府宛平縣人監生　易
第九十七名張斗寅　湖廣常德府學附學生　春秋

第九十八名王言　山東蓬萊縣學生　書

第九十九名趙介夫　直隸阜城縣學生　詩

第一百名楊周　浙江仁和縣人監生　易

第一百一名吳必孝　浙江餘姚縣人監生　禮記

第一百二名方廉　浙江新城縣學增廣生　書

第一百三名郭孶　廣東潮陽縣人監生　詩

第一百四名吳絭文　河南光山縣學附學生　易

第一百五名謝東山　四川射洪縣人監生　詩

第一百六名熊鼎臣　江西新建縣學生　易

第一百七名萬士和　直隸宜興縣學生　書

第一百八名劉宦　湖廣衡州衛人監生　詩

第一百九名朱凌　福建建陽縣人監生　易

第一百十名尚維持　河南羅山縣學附學生　春秋

第一百十一名張科　直隸太湖縣學生　詩

第一百十二名許錀　浙江錢塘縣人監生　書

第一百十三名莫如壽　龍驤衛人監生　易

第一百十四名張重　順天府順義縣人監生　詩

第一百十五名高儀　浙江錢塘縣學生　易

第一百十六名王顯忠　順天府保定縣人監生　詩
第一百十七名林議　福建莆田縣學增廣生　書
第一百十八名鄢懋卿　江西豐城縣人監生　易
第一百十九名全賜　廣西靈川縣人監生　禮記
第一百二十名李用敬　山東益都縣人監生　詩
第一百二十一名李豸　山西陽城縣人監生　易
第一百二十二名楊謨　山西澤州人監生　書
第一百二十三名蔣珊　直隸武進縣人監生　詩
第一百二十四名吳禎　直隸無錫縣人監生　易

第一百二十五名陳玉 江西會昌縣學教諭 詩

第一百二十六名杜秉彝 直隸永年縣人監生 春秋

第一百二十七名汪來 直隸天津衛人監生 書

第一百二十八名姚梧 浙江慈谿縣學附學生 詩

第一百二十九名王養浩 四川南充縣人監生 易

第一百三十名李遷 江西新建縣學生 詩

第一百三十一名路可由 山東曹縣人監生 書

第一百三十二名魏希相 山西太原府學生 易

第一百三十三名賈鶴年 順天府平谷縣人監生 詩

第一百三十四名何遷　湖廣德安守禦千戶所人監生　易
第一百三十五名王重光　山東新城縣人監生　詩
第一百三十六名邢尚簡　山東昌邑縣學生　書
第一百三十七名林大章　福建閩縣人監生　禮記
第一百三十八名趙珆　四川敘州府學生　詩
第一百三十九名陳善　浙江錢塘縣人監生　易
第一百四十名蕭端蒙　廣東潮陽縣學生　書
第一百四十一名陶大年　浙江會稽縣學生　春秋
第一百四十二名郝良臣　山西襄垣縣人監生　詩

第一百四十三名　李時行　廣東廣州府學生　易

第一百四十四名　楊師賓　山東館陶縣學生　詩

第一百四十五名　鄭維誠　直隸祁門縣人監生　書

第一百四十六名　張洽　浙江仁和縣學附學生　易

第一百四十七名　陳宗仁　山東濰縣人監生　詩

第一百四十八名　劉逢愷　江西泰和縣人監生　易

第一百四十九名　葉鏜　江西上饒縣學生　詩

第一百五十名　周晃　四川資縣人監生　書

第一百五十一名　段錬　順天府固安縣人監生　詩

第一百五十二名 陳吉 山西長治縣人監生 易

第一百五十三名 尹燾 浙江龍游縣人監生 詩

第一百五十四名 周倣 四川成都縣人監生 書

第一百五十五名 李楫 陝西漢中府學生 禮記

第一百五十六名 周嶅 直隸武進縣學增廣生 詩

第一百五十七名 朱舜民 山東齊東縣學生 易

第一百五十八名 王交 浙江慈谿縣學附學生 春秋

第一百五十九名 周奎 江西萬安縣學附學生 易

第一百六十名 孫續 四川綿州學生 書

第一百六十一名冷起元　山東益都縣學生　易

第一百六十二名洪朝選　福建同安縣學增廣生　春秋

第一百六十三名趙紳　順天府武清縣學生　詩

第一百六十四名徐岱　直隸蘇州府學附學生　易

第一百六十五名晁璪　直隸開州學生　書

第一百六十六名王忬　直隸太倉州人監生　易

第一百六十七名陳時霖　福建長樂縣學生　詩

第一百六十八名宋治　直隸内黄縣學教諭　易

第一百六十九名陸從大　直隸華亭縣人監生　詩

第一百七十名吳衍　江西南城縣人監生　書

第一百七十一名白璧　直隸河間縣人監生　詩

第一百七十二名翟澄　山東德州人監生　易

第一百七十三名吳守貞　廣東電白縣學生　詩

第一百七十四名陳墀　浙江餘姚縣人監生　禮記

第一百七十五名李淳　四川夾江縣人監生　易

第一百七十六名劉鑑　直隸安平縣人監生　詩

第一百七十七名鄭邦御　浙江餘姚縣人監生　書

第一百七十八名彭世爵　四川安岳縣學增廣生　春秋

第一百七十九名黎材　廣東順德縣人監生　易

第一百八十名聞賢　貴州永寧衛學增廣生　詩

第一百八十一名王繼洛　河南鄭州人監生　書

第一百八十二名張習　直隸寶應縣學生　易

第一百八十三名孫士儀　直隸欒城縣人監生　詩

第一百八十四名曾子拱　江西泰和縣學附學生　易

第一百八十五名華雲　直隸無錫縣人監生　書

第一百八十六名胡慥　河南南陽縣人監生　詩

第一百八十七名張牧　山西臨縣學教諭　易

第一百八十八名嚴訥　直隸常熟縣人監生　詩
第一百八十九名劉璠　河南胙城縣人監生　易
第一百九十名郭鏱　直隸鎮朔衛人監生　書
第一百九十一名陳灌　浙江仁和縣人監生　詩
第一百九十二名馮綬　四川遂寧縣人監生　春秋
第一百九十三名董份　浙江湖州府學生　易
第一百九十四名林松　廣東揭陽縣人監生　禮記
第一百九十五名朱瑞登　浙江海寧縣學生　詩
第一百九十六名梁成　山東平陰縣學生　書

第一百九十七名梁本　陝西三原縣人監生　易

第一百九十八名周鎬　河南汲縣人監生　詩

第一百九十九名方逢時　湖廣嘉魚縣學附學生　書

第二百名呂時中　直隸清豐縣學生　詩

第二百一名黃深　廣東萬州學正　春秋

第二百二名周易　陝西鳳翔縣人監生　詩

第二百三名尹梁　直隸晉州人監生　書

第二百四名馮元　廣東番禺縣人監生　易

第二百五名馬慎　順天府大城縣學生　詩

第二百六名 黃應策 福建莆田縣學生 書
第二百七名 鈕緯 浙江會稽縣人監生 詩
第二百八名 馮薦 四川南充縣人監生 易
第二百九名 金應龍 直隸長洲縣人監生 春秋
第二百十名 沈坤 直隸山陽縣學生 詩
第二百十一名 徐貢元 直隸繁昌縣人監生 書
第二百十二名 畢竟夔 江西貴溪縣人監生 禮記
第二百十三名 余夢說 四川廣安州人監生 易
第二百十四名 陳洪濛 浙江仁和縣學增廣生 詩

第二百十五名馬珮　山東德州人監生　書

第二百十六名金蕃　浙江餘姚縣學附學生　易

第二百十七名張英　福建莆田縣學附學生　詩

第二百十八名趙忻　陝西盩厔縣學增廣生　春秋

第二百十九名李晝　河南林縣人監生　詩

第二百二十名周俊民　直隸無錫縣人監生　書

第二百二十一名潘繼光　河南汲縣人監生　易

第二百二十二名黃封　四川雲陽縣學生　詩

第二百二十三名徐南金　江西豐城縣學生　易

第二百二十四名霍薰　雲南永昌府學生　書

第二百二十五名陳松　直隸青縣學增廣生　詩

第二百二十六名徐嚴祥　直隸長洲縣人監生　禮記

第二百二十七名陳梧　福建漳浦縣學生　詩

第二百二十八名貴仁　河南汝陽縣人監生　易

第二百二十九名宋伊　河南裕州學生　書

第二百三十名羅衣　江西德化縣學生　詩

第二百三十一名王應鍾　福建侯官縣人監生　春秋

第二百三十二名范惟一　直隸華亭縣學生　詩

第二百三十三名 舒載道 江西鄱陽縣人監生 易

第二百三十四名 曹忭 湖廣江陵縣人監生 書

第二百三十五名 徐自得 河南杞縣人監生 詩

第二百三十六名 何派行 廣東香山縣學生 易

第二百三十七名 周瑶 四川内江縣學生 詩

第二百三十八名 雷逵 江西豐城縣學增廣生 易

第二百三十九名 王曰然 河南衛輝守禦千戶所人監生 詩

第二百四十名 王學柳 山西澤州學生 書

第二百四十一名 浦之浩 山東登州府學生 詩

第二百四十二名　林懋和　福建閩縣學附學生　春秋

第二百四十三名　梅守德　直隸宣城縣人監生　詩

第二百四十四名　徐一鳴　浙江餘姚縣人監生　禮記

第二百四十五名　劉璧　直隸長洲縣人監生　易

第二百四十六名　俞鸞　陝西靈州千戶所人監生　書

第二百四十七名　章美中　浙江會稽縣人監生　詩

第二百四十八名　劉夢元　直隸安州人監生　易

第二百四十九名　曾汝卿　浙江僊居縣學教諭　詩

第二百五十名　李長盛　福建興化府學生　書

第二百五十一名　張洽　浙江山陰縣人監生　詩

第二百五十二名　喻希立　河南光山縣人監生　春秋

第二百五十三名　梁紹儒　山東東平州學生　易

第二百五十四名　金翮　浙江樂清縣人監生　詩

第二百五十五名　董策　湖廣長沙衛人監生　書

第二百五十六名　張鵬　四川蒼溪縣人監生　詩

第二百五十七名　張祥　山東泗水縣學訓導　易

第二百五十八名　劉應熊　陝西隴西縣學生　禮記

第二百五十九名　王霽　湖廣黃陂縣學生　詩

第二百六十名羅時霖　江西泰和縣學附學生　書

第二百六十一名陸鑑　浙江蘭谿縣人監生　易

第二百六十二名馮守　四川南充縣人監生　詩

第二百六十三名吳俊　武功左衛人監生　春秋

第二百六十四名黃鉦　江西宜黃縣學生　書

第二百六十五名高晃　浙江孝豐縣人監生　易

第二百六十六名張希舉　江西南昌縣學生　詩

第二百六十七名王撫民　直隸真定府學生　易

第二百六十八名楊挺高　山東金鄉縣學增廣生　詩

第二百六十九名張淑勵　山西盂縣人監生　書

第二百七十名華舜欽　直隸無錫縣人監生　易

第二百七十一名侯鉞　山東東阿縣人監生　詩

第二百七十二名王崇儉　山東曹縣人監生　春秋

第二百七十三名梁汝璧　四川江津縣學生　詩

第二百七十四名潘璵　四川成都縣學生　禮記

第二百七十五名趙文燿　山東萊陽縣人監生　書

第二百七十六名朱應奎　錦衣衛人監生　易

第二百七十七名史載德　直隸任丘縣人監生　詩

第二百七十八名 程良 江西樂平縣人監生 易

第二百七十九名 垂崇吉 山西蒲州學增廣生 書

第二百八十名 陳炌 江西撫州府學生 詩

第二百八十一名 張鵬翼 直隸上海縣人監生 易

第二百八十二名 唐堯 直隸上海縣學增廣生 春秋

第二百八十三名 曾佩 江西臨川縣人監生 詩

第二百八十四名 趙大綱 山東濱州人監生 書

第二百八十五名 唐愛 直隸嘉定縣學增廣生 易

第二百八十六名 陳志 直隸德州衛學生 禮記

第二百八十七名鄧巍　湖廣長沙府學生　詩

第二百八十八名弋中和　四川南充縣人監生　易

第二百八十九名杜璁　直隸合肥縣人監生　書

第二百九十名張文憙　浙江龍游縣學增廣生　詩

第二百九十一名李繼宗　山東朝城縣人監生　易

第二百九十二名齊傑　直隸桐城縣學生　詩

第二百九十三名李台　湖廣公安縣人監生　書

第二百九十四名楊宗氣　陝西延安府學生　春秋

第二百九十五名徐網　浙江會稽縣人監生　易

第二百九十六名崔嶶　直隸新城縣人監生　詩

第二百九十七名許嗣宗　福建閩縣人監生　易

第二百九十八名于德昌　四川華陽縣人監生　書

第二百九十九名徐洛　河南許州學生　詩

第三百名周土　直隸太倉州人監生　詩

第壹場

四書

何事於仁必也聖乎

何孟倫

同考試官左給事中高　批

題意最難模寫此作詞理春融體制莊重錄之以訓夫尚浮靡者

同考試官檢討全　批

造理之作難於措詞是篇文古雅而義明盡可以式矣

同考試官編修尹　批

深得仁聖之本旨用之文徵

渾重異於巧鑿以爲工者錄之

同考試官編修駱　批　仁聖工夫最[illegible]能此

作發揮明盡而辭復渾厚宜錄以式

考試官侍讀學士張　批　抑揚轉換題意躍然

考試官學士溫　批　仁聖義說得親切

聖人指賢者所問不獨可以爲仁而猶擬之於聖也夫博施濟衆功力甚難而獨以名仁則天下微仁人矣夫子猶擬之於聖有以也夫昔子貢以博施濟衆爲仁吾夫子曉之若曰天下之

人鮮全德而人之體仁罕全功賜也顧以博施濟衆爲仁乎殊不知仁道至大有自其一端而言者有自其全體而言者如一念之善仁也推而言之裁成天地之道輔相天地之宜亦仁之極功耳如一事之善仁也極而言之範圍天地而不過曲成萬物而不遺亦仁之大用耳若必以博施濟衆而爲仁則一事一念之善將不得爲仁乎若一事一念亦得以爲仁則博施濟衆蓋不止于仁矣必也聖人能之乎蓋聖人全體

此仁而造其極者也生知安行天理渾具過化存神妙用莫測於一視同仁之中有篤近舉遠之道而教化所及自無一民之不安德澤所被自無一夫之不獲是以有所施焉足乎此無間乎彼而施無不博也有所濟焉舉其大不遺其細而衆或可濟也博施濟衆非聖人其孰能之乎夫博施濟衆不獨可以爲仁而聖或可至功用之大如此哉嗟乎仁至難言也孔門問答於由求公西赤獨取其治事之才而不知其仁於

今尹子文陳文子獨許其忠矣清矣而不許其仁豈非以仁道至大未易以言邪子貢有志於仁徒事高遠未知其方孔子教之以博施濟衆非力所及而以能近取譬語之使之得近易而可入也聖門教人之務實也有如是夫

故君子語大天下莫能載焉

萬壽

同考試官署員外郎鄭　批　大莫能載只於[illegible]人未能

盡天地有憾發揮甚善

同考試官檢討盧　批　詞不費而理自昭甚有

見於道之大者宜錄以式

同考試官檢討陳　批　[illegible]

殆非章句之士所可擬議

同考試官檢討黄　批　見道之大而能文者

可以識道矣

考試官侍讀學士張　批　見道分明敘下[illegible]精切

考試官學士温　批　道大無外筆意有[illegible]得[illegible]

舉道體之全極無外之大蓋天下之可載者大

之不足也道大無外豈復有能載之者乎子思
子言道之費隱至此謂夫斯道之在天下原于
天而非隱于無具于人而非滯于有蓋無在而
無不在也故自其大者言之凡物之大者無不
依于形形有限則大亦有限君子之道超夫形
而不囿夫形浩浩乎周遍廣闊莫得而限量之
也凡物之大者不能外夫器器有限則大亦有
限君子之道超夫器而不局夫器蕩蕩乎渾淪
磅礴莫得而擬並之也彼大莫大于天地而人

猶有所憾是道大夫天地天地固不能盡夫道也天地豈能以載夫道乎天地莫能載凡物可知矣大莫大于聖人而知能猶有所未盡是道有餘而聖人爲不足道大夫聖人也聖人豈能以載夫道乎聖人莫能載凡物又可知矣君子之道之大如此而其所以然者則隱而莫之見也道之費隱有如是矣抑論費隱之說前此未有也自子思子發之子思子洞見道體充塞天地貫徹古今故其言如此與前章所謂道不可

須臾離後章所謂洋洋乎發育萬物峻極于天優優大哉禮儀三百威儀三千之言互相發也厥後無極而太極太極本無極之論其殆始於此乎

始條理者智之事也終條理者聖之事也智譬則巧也聖譬則力也

黄養蒙

同考試官署郎中胡　批　識智聖巧力者詞不費

而意足予亦學育聖人者取之

同考試官都給事中邢　批　題意以樂射明聖道作者類能發揮此篇詞旨典則理致精到必常究心于聖道者宜錄之以範後學

同考試官編修歐陽　批　理明詞整形容聖人之大處却不費力真偉作也宜錄以式

同考試官編修康　批　理明詞正且發出聖人所以異於三子者宛然在目是可式多士矣錄之

同考試官編修敖　批　明健典雅可錄以式

考試官侍讀學士張　批　自是有條理文字

考試官學士溫　批　說得大成義趣明白

大賢論大成之聖既即樂以明智聖之事復即射以明智聖之義夫聖人聖知兼備者也大賢兩即喻以明之則大成之聖可見矣孟子論孔子之大如此且孔子之謂集大成者何以見之彼樂之將作金聲始宣於其時也八音克諧無相奪倫所謂始條理也不猶聖人之智析衆理於毫芒從違取舍不容以或紊者乎樂之既闋玉聲詘然於是時也小大相成音律咸止所謂

條理也不猶聖人之聖萃萬理於一心而融
會貫通舉無或歉者乎盍觀之射乎彼虞機既
張弓矢既設非精神獨運何以得正鵠之不差
非心手相應何以得標準之必中智之所以察
微而知著者不猶是乎若夫棲侯於百步之外
置身於衆耦之間非果敢必不能執弓而發矢
非強勝必不能持滿而遠到聖之所以舉一而
會萬者不猶是乎是知孔子巧力俱全聖知兼
備三子則巧不足以副其力智不足以成夫聖

也孔子之謂集大成者至是始見其大矣抑考孟子所以稱孔子者屢矣每言之輙以夷惠伊尹並稱何哉蓋非三子不足以見孔子非時中之聖不足以見三子故曰自生民以來未有盛於孔子也孟子屢稱之而願學焉是誠知所歸乎

易

觀天之神道而四時不忒聖人以神道設教而天下服矣

何孟倫

同考試官左給事中高　批　此題作者類爲本義所拘殊纏繞可厭子獨體認真切而辭意瑩然蓋深於易者取之

同考試官檢討全　批　詞約而理該説爲觀處更精確是可以觀矣

同考試官編修尹　批　説神道處繳容非苟作者

同考試官編修駱　批　辭峻深而意精到易

義如此者絶少

考試官侍讀學士袁　批　得旨

考試官學士温　批　觀道之大槩然

彖傳即造化聖人之爲觀者以見觀道之大也蓋莫神於造化亦莫神於聖人也即其道而觀之大見矣彖傳之意如此且觀之爲道通乎天人者也其在天也惟清惟虛而機緘莫露以化以育而變動無方託始乎陰陽無在無不在也天之道神矣但見氣之行乎四時舒之而爲春

爲夏歛之而爲秋爲冬、各應其候而不爽也若有所示而不忒也其天之所以爲觀乎其在聖人也心涵太虛而洞達乎性命跡本無爲而顯設於經綸品節乎萬類隨在而各足也聖人之教立矣但見道之行乎天下動之而遵道遵路感之而會極歸極各循其性而不亂也若有所約而皆同也其聖人之所以爲觀乎即是以論信乎觀之道大而無以加矣抑是道也天無心也聖人亦無心也惟其實理之具足故其形見

之不可掩如此中庸末章賛天之妙曰無聲無臭而必曰上天之載觀天則見聖人矣子思之言其有得於易乎

夫乾其靜也專其動也直是以大生焉夫坤其靜也翕其動也闢是以廣生焉

徐霈

同考試官左給事中高　批　乾坤動靜處詞不繁而意獨至可與語廣大矣

同考試官檢討全　批　形容廣大處甚詳

最佳作也

同考試官編修尹　批　無支辭無複義蓋府

文之精者

同考試官編修駱　批　說大生廣生語明而

意藹當是作手

考試官侍讀學士張　批　旨趣分明

考試官學士温　批　廣大說得出可取

大傳論乾坤動靜之德而著其為廣大焉夫乾

坤之德動靜見之矣其為廣大不於是而生乎

大傳推易之廣大如此今夫乾坤易之本也語
易之廣大者不求之乾坤可乎夫乾天下之至
健也其爲物也一而實方其寂然凝也主萬有
而常確及其犂然感也遂羣生而莫撓盖其别
也交也无非至健之爲也是以一元運用萬變
錯出舉天下之法象而盡在包羅之中所謂一
而實者雖出入互乘其機實則統乎坤而无弗
有矣大不於是生邪夫坤天下之至順也其爲
物也二而虛方其無所事也歛機緘而不露及

其有所受也普化育於無方盡其別也交也无
非至順之爲也是以博厚所極莫測其際舉天
下之形色而盡在含弘之內所謂二而虛者雖
分合互妙其應實則容乎乾而无不包矣廣不
於是生邪夫乾坤廣大如此觀乾坤而不可見
易哉抑天地之道不專則不能直不翕則不能
闢專翕也者其天地之本乎人者天地之心也
夫人之心常失之於動則其違天地遠矣聖人
主靜以立人極是故天地之化可贊也大哉易

也斯其至矣

書

帝光天之下至于海隅蒼生萬邦黎獻共

惟帝臣

薦亨

同考試官署員外郎鄭　批

初開科取士書經主

蔡傳及古注疏注疏不知廢自何時今併經文

蔡傳不復講究影響措詞牽合綴葺明經似不

如此此篇會拋刑任德參忠直化頑讒意爲文

典雅清潤驊之高武

同考試官檢討盧　批　嚴重沖雅作典謨文字正宜如此取之以冠本房其誰曰不然

同考試官檢討陳　批　題本明顯作者率多鋪濫可厭理明義直詞確氣和無噲此篇驊之允工

同考試官檢討黃　批　善言明德致賢得太爲告君意

考試官侍讀學士張　批　辭理俱精到可嘉

考試官學士温　批　得致賢之意

大臣言君德丕著乎天下則賢者樂爲之用矣蓋德者致賢之本也德盛而天下化之賢者其有不思奮庸者乎昔帝舜慮庶頑讒說之難化欲威之以刑而禹告之若曰刑威固足以治頑讒明德則深於感化帝盍圖諸此乎使帝文明之懿蓄極而彌章純德之化積盛而益顯煥乎日月之有明敷天之下皆德之光也倬彼照臨之無外薄海之民亦光之被也帝之德至於如此則萬邦之民之賢者寧無感而興乎益顯德

之比不戒而有孚同心之應不期而自至咸欣欣然以爲聖人有作吾得而臣之志業一而道可行其亨嘉之會乎大觀在上吾出而仕焉謀猷協而澤可施其交泰之際乎彙征以爲吉願獻其忠也用賓以爲尚思効其直也士之感而興也夫豈徒哉是則賢者嚮進而達于天下彼頑讒者亦日且遠矣而又何慮焉帝可不加之意哉抑虞廷岳牧羣后皆極俊乂之選而舜猶有憂焉蓋殄行不聖衆賢懷疑讒說日恣邪正

莫辨是國家治忽之原也審幾察微而可不慎
歟傳曰純心要矣用賢急焉於禹之言有相發
者人君可以監哉
先王惟時懋敬厥德克配上帝今王嗣有
令緒尚監茲哉

濬嚴

同考試官署員外郎鄭 批 題本正大作者多為
誠仁民卹經綸敬天法祖意殊大精切此篇文
詞典則而意味雋永錄之

同考試官檢討盧　批　作此題者于敬德配
帝處類多牽冗可厭此篇不煩數語而理致藹
然又結出敬爲聖學之功深爲有見錄之
同考試官檢討陳　批　說敬德配天法祖處
春容精當宛然有伊尹告君氣象殆志尹之志
者
同考試官檢討黄　批　詞理渾融以配天法
祖始終敬之一言立意殆讀經而有得者
考試官侍讀學士張　批　得伊尹告君之忠

考試官學士温　批　配帝法祖讀之悚然

大臣舉先王敬德之極功而必深勉乎後王也蓋先王之治至於配天亦曰敬德而已王其可不以是爲監乎昔伊尹舉之以告太甲意若曰人君之治莫大於配天敬德之功莫要於法祖昔我先王受天明命而有天下也以天之賦於我者克謹克戒而性分之内無一之或虧以我之施于身者有嚴有翼而隱顯之際無時之或豫由是德與天合在天明畏猶其在先王也心

與政通王其顧諟猶其在天也先王懋敬之功
至於克配上帝如此王其可不知所勉乎蓋繼
先王而有天下者無窮之令緒也知敬德而法
祖者王之責也王其尚以先王爲法繩其祖武
而率履之弗違監于成憲而修爲之必至謹其
德焉深宮大庭無一念之敢忽也達於政焉大
綱小紀無一事之或慢也如是則先王往矣家
法具存天命不常永保無斁是在吾王而已豈
待於他求乎抑因是而知伊尹告君之忠也一

篇之中反覆仁敬誠之三語矯之以五事勉之以思爲此獨專言敬者何也能敬則德聚聖學之功成矣此圖君之本也異時太甲遷善日新爲商令主質之成湯而無愧其有得於斯乎

詩

黃養蒙

坎坎伐檀兮寘之河之干兮河水清且漣猗不稼不穡胡取禾三百廛兮不狩不獵胡瞻爾庭有縣貆兮彼君子兮不素餐兮

同考試官署郎中胡　批　詩人詠歎之意實者

廉靖之節篇中俱能發之可以式多士矣

同考試官都給事中邢　批　明潤精潔詞理俱到

深得風人之旨君子其不素餐者歟

同考試官編修歐陽　批　形容君子之志宛然

可見是善說詩者

同考試官編修康　批　體認精切詞語明淨

得風人之體錄之

同考試官編修敖　批　有思致有風味蓋與

於詩者

考試官侍讀學士張　批　讀之可以興

考試官學士溫　批　得君子之志

詩人敘君子事違而志勵而深歎美之也夫事與志違人情未有不自失者君子於此猶自勵焉其賢於人遠矣此詩人所爲深美之也今夫阨於外者不能無動於中爲其事者不能無期於得彼坎坎然伐乎檀者蓋將爲車行陸以利用也今也寘之河干處非其地矣河水清漣施

非其用矣欲食乃力得乎然其志則曰伐檀以
為車猶之稼穡之於禾也不稼不穡胡獲乎三
百廛之禾哉猶之狩獵之於獸也不狩不獵胡
瞻乎在庭之縣貆哉彼君子者其真能不素餐
乎蓋付命於天介然於義利之辨盡力於已毅
然有貞固之操事雖謀食志存乎道非其事之
過也寧窮餓而弗悔也若曰我廛雖無禾稼穡
之功不容已焉力雖求食心安於義非其力之
過也寧飢困而不顧也若曰我庭雖無貆狩獵

之功不容已焉盖允矣其不素餐者也推其志也有不能先事而後得敬事而後食者乎吁詩人可謂知君子之深矣抑古之聖人飲水飯糗若將終身焉魏君子食力不遂而輙形之風詠何也豈王化寖微而賢人君子不及行其志與伐檀之詠亦可以觀時已雖然亦不失為周之士也故曰周之士貴其自貴也聞者其有興乎

永錫爾極時萬時億

劉子與

同考試官署郎中胡　批　簡而則清而婉豈經義中之卓卓者子非素養何以有此錄之

同考試官都給事中邢　批　體認親切措詞簡當是蓋有得于守約者佳作也

同考試官編修歐陽　批　此題作者頗多窘筆疏暢明潔僅見此篇可以經世矣

同考試官編修康　批　詞理明淨必留心於經學者錄之

同考試官編修敖　批　詞不費而意自足是

善作者

考試官侍讀學士張　批　筆意條達不爲觔[illegible]二字所窘

考試官學士温　批　得祝嘏之意

詩人言神福公卿無弗協于善焉夫事協于善福莫大焉非公卿祀事之敬何以得此於神哉此詩述公卿力農奉祭有及於工祝之告意謂賢者之祭也必受其福而神之報之也必從其類今爾莊敬之容而享祀匪懈則無疆之錫而

式敎用休啓爾思焉中正之矩從欲而不踰翼爾行焉物則之懿率履而不越則衆善之極備矣故時萬時億爾之事何多也而順應時措協諸善而協也有國而君之由簡以及繁而動罔不臧盖政是用康何者非惠迪之吉乎有民而子之由近以及遠而施無不宜盖化是用洽何者非履道之坦乎是則善不協不足以言福福不備不足以言旣公卿得此於神則所以昭假者可知矣抑書稱皇建其有極歛時五福用敷

錫厥庶民則君民相與以極爲福此詩以福公
卿爲錫極豈當時上有斂極之君故公卿則之
以宜民事神保族長世而鬼神亦錫之以極歟
嗚呼神人上下一極無間於周之盛時見之矣

春秋

冬會陳人蔡人楚人鄭人盟于齊 僖公十
有九年

同考試官署員外郎劉 批

發揮傳意殆盡錄之

林樹聲

同考試官左司直郎謝　批　會傳爲文不失渾成
之妙春秋義最佳者
考試官侍讀學士張　批　得謹嚴體
考試官學士温　批　春秋義是如此

春秋深諱夷夏之講信必交罪之以謹其始焉此齊之盟楚與於中國始也春秋外楚而惡中國其深諱以謹之宜哉夫自中國之有盟也主之者君與貴大夫也方齊桓既沒宋伯無成鄭首修朝于楚楚遂偕盟于齊春秋諱之者何蓋

內夏外夷天地之大經也以楚而盟夏其變也已雖曰不忘桓公之德列國雖同實葉先王之章異類以入覲可忽歟是故聖人外之坊之以禮以懲不恪其嚴矣乎用夏變夷帝王之大分也以諸侯而盟楚其亂也已玉帛以朝雖鄭國之首事簡書不畏則陳蔡之惟均其誰責歟是故聖人惡之明之以義以防其漸不其嚴乎前此浸強猶有所制自茲得志益以憑陵暴齊桓之烈召寇於門庭啓宋襄之辱貽禍於冠冕中

國之勢蓋岌岌矣是故聖人謹之世道倚伏之幾華夷盛衰之漸是可不識之於早慎之於微乎春秋內則沒公外則人陳蔡而以鄭列其下諱之深也諱之深其傷之也重而責之也至矣嗟夫楚顛椎視中原非一日矣齊桓主伯未敢逞也陳蔡鄭甘心焉楚益強矣成穀圍宋之後使無晉文中國其左衽乎卒之陳蔡滅而鄭之犧牲玉帛日恐恐然待於境上非自貽伊慼也邪雖然魯望國也僖賢君也且惟楚之從吾於

三國乎何尤非怒三國也所以甚魯之罪也春
秋之旨也

秋宋公楚子陳侯蔡侯鄭伯許男曹伯會
于盂執宋公以伐宋　楚人使宜申來獻
捷　十有二月癸丑公會諸侯盟于薄釋
宋公　俱僖公二十有一年

方治

同考試官署員外郎劉　批　筆力嚴爾必有史才者

同考試官左司直郎謝　批　此題士子類爲楚事

經紀故經旨不白是篇獨提振諸侯會傳作為斷案而楚惡自不可掩得聖人厚望中國之意取之

考試官侍讀學士袁　批

析直新者不費斧此春秋義似之

考試官學士温　批

謹嚴

伯主召侮春秋緣大義而均責于諸侯外夷脅內春秋惜大權而特諱于望國此楚子劫宋必以同執爲文而受捷盟薄皆爲魯諱也聖人謹

夷夏之防者至矣昔宋襄主伯而會盟于盂楚成襲執而伐之是宜專罪楚子可也春秋均責于諸侯者何盖要盟好會凡以尊王攘夷也襄雖召楚以取禍然豈非同列之恥乎苟知順逆之義合旅以攝其威陳詞而奪之氣則曲直既明成也寧無畏義之心哉惜乎見壓于強楚則惡雖在楚成之者諸侯也夫建國親侯先王所以比天下也彼諸侯者何足以知之春秋直書其事列楚于陳蔡之上而以同執爲文則襄之

召侮諸侯之昧義明矣繼而宜申獻捷而會盟
于薄宋襄由是而釋焉宜若歸功我魯可也春
秋顧為魯諱者何蓋伐宋不與楚故矜威脅魯
也僖乃甘心而委權此豈謹天下之大變者乎
苟知中外之分拒獻使以抑其強請天王而討
其罪則威權不撓魯也不有反正之功哉惜乎
見逼以莅盟則宋雖獲釋主之者楚子也夫兼
弱攻昧先王所以威諸侯也為魯僖者何為而
忽之春秋特為魯諱故書會書盟書釋皆不言

楚則我魯之罪彰矣是則謹大變者貴伐其謀峻大防者必慎其始一書法之閒其旨嚴矣抑宋襄圖伯思繼齊桓之盛然嚮邇荆蠻不復念往日陘亭之次何邪吁桓攘而襄親之與亂同事欲無辱焉得乎雖然桓公之伯管仲尸之宋有子魚而不能用其本異矣五伯齊桓爲獨盛有以也夫

禮記

聖人耐以天下爲一家以中國爲一人者

非盡忠也必知其情碎於其義明於其利達於其患能使能用之

同考試官給事中安　批

同考試官編修孫　批

考試官侍讀學士張　批

考試官學士汪　批

聖人合天下於大同亦惟治人之情而已夫天下至不一者人情也聖人有以治之則大同之化成矣昔聖人宣聰明而作刑政禁訓以開治平能察其源而以天下為一家洋洋乎大化之昭宣也能合其脈而以中國為一人雍雍乎至和之融液也是豈可以私意臆度而為之乎知人之情而治之耳人情所發未必皆異也聖人開十義之途而使之知所由焉如何而為父

子之慈孝君臣之仁忠坦然曉之而無疑也如
何而為長幼之恩順夫婦之義曉然見之所以
的然示之而可由也則為仁修夫不知所
趣也使之自家庭以至州閭而休戚相關於無
事之時自鄉黨達之於國而放[illegible]於父祭
之地則利明矣猶慮夫不知所避也以能以保
其家而乘[illegible]之化不作焉[illegible]以保其身而治
淫佚邪僻不作焉則患難息由是以合天下之情
而為一家之情天下猶一家也然合天下之身

而為一人之身中國猶一人也大同之化有不成者哉聖人合天下之情成天下之化如此人情之有關於治道也如是矣慨夫天下之所以望治於聖人者欲其平天下之情也聖人之所以求治乎天下者亦不過順天下之情也外此以為治則法制禁令日繁而天下之情拂矣天下豈有拂其情而能為一家一人者哉聖人本人情以為治於是乎不可易矣

人生而靜天之性也感於物而動性之欲

也物至知知然後好惡形焉　馬貢

同考試官給事中安　批　精能精義詞不費而
說自見不遠外四字者取之

同考試官編修程　批　說理文字不在詞華
此作得之

考試官侍讀學士張　批　見到人不自到

考試官學士溫　批　得旨

論人情一本于性以見情不可不節也夫性原

乎天情發於性之所同也然非禮樂以制之
則恐發而中節者少矣且先王之制禮樂固將
以平好惡而反人道之正也好惡何從而生乎
蓋人之有心性情具以方其外無所接而不覩
不聞內無所萌而無思無慮渾乎靜矣靜則降
衷之本稟天之命於我而為性者乎及夫有交
於前觸之卽緣物交於外焉而後通乎動矣
動則本稟之流行始於心而為欲者乎夫欲
之大端好惡而已欲原於性而性出於天心然

鏡之故物之至也無將而心之知也不昧物至
而知其可好然後好之欲形焉物至而知其可
惡然後惡之欲形焉好善惡惡道心之知覺原
于義理者也好妍惡醜人心之知覺發于形氣
者也徵諸聲色而有是非取舍之別見諸行事
而有刑賞予奪之施危微治忽其機於係於此
矣好好惡惡之於人道大矣先王制禮樂以平之
其以是夫豈謂治天下而不本諸身則教弗彰
不因人情則民弗從故治平之盛本諸格致位

六之化由於中和三代以上所以多善治也後
世外身以教拂情而求又何怪乎治弗古若哉
於學既而參之天與中庸之論則聖賢所以為
學為治者概可識矣

第貳場

論

萬世不易之常道

同考試官員外郎劉 批 [illegible]

[illegible]

今且之學見道之言也由子所養[illegible][illegible]學異所

誠意者立學以民

問孝[illegible][illegible][illegible][illegible]評 批 作論能見識多入深

將說理發至[illegible][illegible]者不負題也此會[illegible]切

理而且以直[illegible][illegible][illegible][illegible]而作是也上不大分

[illegible]之理而開[illegible]有合題之真只了自有加[illegible][illegible]

自[illegible]

[illegible][illegible][illegible][illegible][illegible] 批 自見[illegible]學而[illegible][illegible][illegible][illegible]

是自有見於道[illegible]論學如此了於言[illegible]凡矣

考試官學士溫　批

[illegible]

[illegible]

[illegible]

聖人不求勝乎天下而天下自不能不同乎聖人何也道之大原出于天而備于人莫不各有自然之理與其當然之則雖以聖人之智未之能易也夫惟理定而不可易故趨正而民與矣民與行而天下同矣是非夠聖人以為同也歸於聖人所以歸於道也朱子曰理者萬世不易

之常道所以爲孟子反經之義深矣今夫[illegible]天
下之常道而已矣[illegible]天下之道經而已矣經也
者常也以人之所同得乎此渾然在中則謂之
理由是而之焉之謂道張之而爲三綱紀之而
爲五紀各有攸當而不可亂之謂經其實一也
自夫吾之一身而推之莫不有仁義禮智信之
性焉莫不有君臣父子夫婦昆弟朋友之倫焉
言語動靜[illegible][illegible]作[illegible]莫不各有當然一定之則
乃本諸天命人心之正而不雜乎民生日用之

常至易而亦至精也求其所以然莫非必然之
義也是故大莫大於天地久莫久於萬世天所
無者聖人不能強之使有天所有者雖聖人亦
不能使之必亡也天地而不見其始窮古今而
不見其終與生俱靈原於自然而不可易也聖
人知其然治之而有禮樂刑政之跡焉取是以
職之也教之而有庠序學校之設焉取是以風
之也旂裳冕服車輿宮室之異制取是以通之
也不行則已行之斯成不言則已言之斯信大

可以被天下矣可以傳萬世是故堯舜之治天
下矣其治天下以道克明峻德慎徽五典而已
由是降以下至湯五百有餘年而有商之治商
之治曰懋修人紀也克綏厥猷也由湯以至于
文武又五百有餘年而有周之治周之治曰建其
有極也曰典曰紀曰猷曰極名雖不同其為道
一也慎之修之綏之建之三聖雖各出功其實
天下於道一也文武之道未墜於地其在於文
武者備其在湯也其在湯者備其在堯舜也其

佛老所著僞亂在天地百家之學雜然一家之說使天下之人而惑惰欲於以絕道而道不老莊列之虛無楊墨之邪說申商之嚴刻儀秦之捭闔縱橫之說皆以破道而道終不可破以是觀之道非出於自然而何也夫惟道出於自然以之經正於上則三綱立五紀明百姓親世道昭明禮樂刑政潤澤乎天下而無疑此道之所以為天下命也不幸而有邪說之興不恃吾力以勝之惟恃吾有以勝之者此道也道勝

則雖行矣亦必廢行樂無自而入矣使聖人者不求勝於道而求勝於力日紛紛焉而與之爭敗將狀其說以求勝亦何時而已也甚矣道之在天下勝在我也含之而不由者惑也君子處此惟務化導亦惟誠諸身而已使無諸己而求諸人將干中而貌于外有反經之名而無信道之實則民棄而叛亦作而蠻貊欲消除之一風俗之間不可得也故子思子以誠者天之道也誠之者人之道也請以是而足朱子之意

表

擬

明堂大享禮成羣臣賀表

何傳

同考試官禮部署郎中胡　批　[illegible]

[illegible]

同考試官禮部主事中邢　批　[illegible]

[illegible]

同考試官編修歐陽　批　[illegible]

會[illegible][illegible][illegible][illegible][illegible][illegible]以人

同考試官編修康　批　[illegible][illegible]有[illegible]

同考試官編修敖　批　[illegible][illegible][illegible][illegible][illegible][illegible]

皇上仁孝之化者

考試官學士張　批　[illegible][illegible][illegible][illegible][illegible][illegible]

考試官學士汪　批　[illegible][illegible]之[illegible][illegible][illegible]

嘉靖某年　月　日恭[illegible]

明堂大宗[illegible][illegible][illegible][illegible][illegible][illegible][illegible][illegible][illegible][illegible][illegible][illegible][illegible]

[illegible][illegible]者伏以

祖重宗祊享典崇儀於百代
聖無述作邁轉周流於
昌期
乃本因心事惟師古爰舉
寶典仰覆幬以無私奉配
嚴享報生成於罔極閟宮有侐備物攸崇祭將
常為萬古之觀維茲休事
極精誠自然大感罔不孚乎中外騰懽山川協
咸所作

皇帝陛下

道同天覆

德本日新奉三無以臨九有立愛惟親欽一

實以御白虞兒伏

上帝奠齊宮祭畤封祈於

郊丘執贄升遺復留馭於

祖廟戩惟

孝友濟發靈源於耕

以等截形祈命爰綜周典詳觀人文於既天

違緣孝經母斷文之來及陞地獄求濟渡

肆泉前湖

昔為啟問大帝光祈衆之公

斷自

淵衷眞默奉用中之智途即

玄極鴻寶之默是為

太微上帝之居吖宸度運救解救無種以從宜

為大是訓流循進以事

帝為雕乎於戒以時年九月侶為寶之香水度

在

一人垂百順而多福

高明有赫神聽順以依憑

陟降無方僾音寀而歆息

嘗行秋祀伐鳳於簫韶

旅我東土觀則備於衣冠是誠

國有嫌事健癸夭成

德為心人那哉糾服寶禾

帝執克典

神天經禁武始於鬼神質文並崇本於禮前

儀之妙化機於未定合萬國之歡心無怨

不服

仁昭穆之頌歌謝芳於鮑牧

禮備樂和揖讓稱風行於其儀衮衍行修泰

假無言不使泰山之首獨開黃帝之開闢

伊汾之上獨使抵漢武之法

像長於兩睨於甘泉見鑑下鴟

於彼兮日川於上有解汗身流孟秋令而河

將敎繹思而化之也 且詳孫注

湯稱明與聖於諸九賓之神若承逆句俾

白獸以蹌蹌蹲勝舞伏獸

黃明天度

允升大猷

欽九時徹五典燃揚然敬之風

齊七政擇六宗求地中和之極

緝熙聖學盡心知性以知天

推廣存省參贊及民而及物

實甚不同於汕和

沖祚克臻於定保日壽無任瞻

天仰

聖踴躍慶祝之至謹奏

衣納

郎以

附

禾奴場

裏五滿

第一問

問吏部員外郎劉　批八　簽

[illegible]

[illegible]

[illegible]

[illegible]

問[illegible]郎謝　批　[illegible]

[illegible]

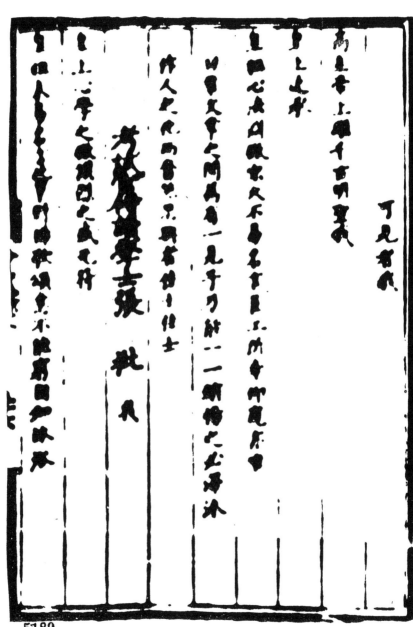

[illegible]

考試官學士溫　批　[illegible]

[illegible]

聖問叙

[illegible]

[illegible]

丕顯哉聖人之謨也克一哉聖人之一心也
心以出治學以養心交相為用不可廢也
此聖學始終之要也知乎此則我

皇上心學之傳
聖謨之所有以
同天地之大
並日月之明惟性聖而好敏
皇祖者可得而仰窺其萬一矣粤自羲農以降
堯舜禹為大聖人也危微之訓精一之旨密
相付囑非所謂見而知之者乎自成湯以
至于文武周公孔子大聖人也曠百世而
相感心源默契非所謂聞而知之者乎自

是而後心學不明道以微矣洪惟我

太祖高皇帝文武聖神既膺

天命撫華夏於既治舉偽帝於既陳當干戈甫

定即

命儒臣分撰五經直指更刊大學衍義於殿廡

以自警省惟持循其所刻於之廊壁

諭禮部侍郎曾魯曰人君一心治化之本存於

中者無堯舜之心欲施之於政者有堯舜之

治不可得也又嘗謂學士宋濂曰人心虛靈

乘氣機出入操而行之所雖其於心學之淵

源蓋有生而知之神而明之者矣恭我

皇上天縱聰明涵泳所見立皇極以錫庶民飭

會通以行典禮彝倫攸敘百度惟貞功化

之盛上下同流振古未有也臣伏讀

御製重華殿筆存置經書備覽一時仰見

聖人之敬即無間之地不弛夫懋心學之功游息

之天皆其養心之助

制曰乃作丹金兩分置講筵增廡使隨所讀書

吾嘗言之斷言也真知聖學之本乎人之一
心養之以善則智好古敏求聖人必有
學也
制曰嘗蓋而明博物別皆藏有由此分好
惡之自的異好善而惡之惡滿非本心良無善不
無偏平平而蕩蕩斯之也我知權用之一節
乎事有禍機見之以心則一循何違於於
幾微之必察也
制曰苟能養是心尚可繼先王觀古又法

祖德就業亦尚然後為其實勿但虛擧張斯言
也能自抑沛然之心也學乎古訓則業廣惟
勤道積於躬矣
制曰惟與懼也非無非抑與揚抑己即克己揚
人共自揚斯言也不自滿假之心也進理既
深則學道不日躋與人同矣
制曰日就月將一緝熙生光明粹面盎背者非
此又何分斯言也不息之貞也日新之功舉
績而不已則念終之美以特發焉非寫實

而尤推首乎

制曰從來賢聖以至帝與皇心學政是極先此萬幾所斷不也聖修之極也故義立而德不孤則依行之一致符此為出非參三才而一之者乎聞聖賢之極與會貫與之精微直倫直制為天下極非此心之運用也哉漢武帝之表章六經似知學矣而內懷多慾唐太宗之銳情經術似知學矣而十折不終宋理宗之崇尚儒臣似知學矣而補

移奸竊按此其爲治盛畢不足道也蓋以常論之聖賢之道天地之道也天地之道所以中之道也故明此以南面爲禹湯文武之所以爲君也明此以北面周公孔子之所以爲臣以數萬世也哉

聖天子兼君師之位繼道統之傳正中修德之功參伏經典開物成務之蘊究極本原上律下襲寔備躬知是天道明矣地道平矣人道行矣久於其道而天下化成二帝可

三而三三王可四矣噫吁休哉盛治何幸身親見之

第二問

何鏊

同考試官左給事中高 批 [illegible]

同考試官檢討余 批 [illegible]

同考試官編修尹　批　[illegible]

同考試官編修駱　批　[illegible]

[illegible]試侍郎張　批　[illegible]

大試官學士溫　批　[illegible]

古之人臣之告其君也有正本之論有救時之論端本澄源致其君于道言則古昔稱先王者正本之論也補偏救弊視時勢而為之變其所不可以就吾之可此救時之論也二者交相切於君身有補於時政斷在人君之善擇術者用之何如耳就事發問之意無乃出於此乎嘗聞之人君之願治也未嘗不欲求得其臣人臣納忠於上亦未嘗不欲思得其君以行其言願相

求而恒不相遇何也所用非所求所求非所用故也當漢武之世董仲舒對賢良方正矣三策之陳所以明王道也其言曰王者欲有所為宜求其端於天又曰陽為德陰為刑陽常居大夏而以生育長養為事陰常居大冬而積於空虛不用之地凡所論對無非欲明教化之原去刑獄之路此說言者又其指要有關非固所以明下闕所宋儒程正叔論其人歎曰自漢以來

惟董仲舒有儒者氣象蓋以此耳當桓之世惟崔寔以術行之士矣政論之對所以康時闕也其言曰為天下者嚴之則治寬之則亂又曰數世以來政多恩貸馭委其轡馬駘其銜四牡橫奔皇路險傾凡所論列無非指此實地之治大然[illegible]之一非正數語者又其切[illegible]者[illegible]明[illegible]正體山陽仲長統昌言[illegible]曰凡為人主宜從一通過之庶側有[illegible]論之人

臣□詳闡明醫師之治療也□□之□□

今所病至虛者皆候其實者有痛狀甚之□

體疑似之間疑生異候之時何時也哉

而法律分明無□一網深小大條條精詳

於不從其精明之氣盛之人其虛之人內氣

竹人有病於□舒之予收其內而藥之其

以為用治予大治重於和以衛其脾細不

亦法之大殃其宜殪之狀以之重虛

之人任其所冀寒之以治其表故曰多

漱列然服■石受■不以非也是故賈生之言可行於漢初之世而不可行於治平之朝仲舒之言不獨可行於武帝之世而實可昔於先王之時先王之世紀綱法度一出于惻怛忠厚之政其民不見愁歎無聊是以享國長久後無然戚此之政也漢家治亂多難參錯參去焦■何而然時且見其然不倘武帝■也其後宣帝樂刑而刑文杖門深至一本■滿相任未

高之言飾之意也東漢梁冀乃言高宗之
帝以黃法與寧平以呈汝蔭內上書之嫮
中法律相當時不從其成此宋之故郡耳
忱亦東京名臣一出此言而公論薄矣人
君推衍其可不有聽言其可不察乎於乎
聽言之難也難於任法言可聽矣未必其
人之能忠人可信矣未必其言之盡當拳
人行言以言取人未之失也取焉而又不
俯其所明言則失之失矣其言難在已也

民人者天下之本也將安取的哉固其本
不安其本所觀昭昭之原野與城外之域
不閉門斷不四達湖不條明晦之惟其當
用余在六也法惜其是於今在法也西山無
心也孔子以政寬則民慢慢則糾之以猛
政猛則民殘殘則緩之以德此論治之的
也除此漢書不足以爲
明時獻也惟執事裁焉

第三問

萬壽

同考試官[illegible]員外郎　批　[illegible]

同考試官檢討盧　批　[illegible]

同考試官檢討陳　批　[illegible]

見通[illegible]兵[illegible]可行[illegible]有用之實也

同考試官檢討黃 批 [illegible]

[illegible]

[illegible]

考試官侍讀學士[illegible] 批 [illegible]

考試官修撰[illegible]温? 批 [illegible]

天下無必勝之兵而有不可勝之將無常勝之法而有不可破之機機者法之所繇以神也故機以御法則法無不善矣故法

以御外兵則兵無不勝矣古之善將者知夫
不足以盡兵之變而又持其道以制其變
於無窮然後備所以應無窮則兵又足
則倍之道也何足與論兵也所謂軍後
繁及此四者有以知之矣天有五材備官
之有六職也五材之不能以無金備六職
之不能以無兵也三代之盛寓武之師旅
於仁義不可尚已春秋戰國出奇毋變譎
以無窮自田穰苴司馬之法漢興張韓

權謀之徒序次其言而書始盛行于世孝
成帝命任宏乃以權謀形勢陰陽技巧析為
四種兵家之文至是益條列矣凡言兵者
宗焉然亦有用之而勝亦有用之而敗者
多矣姑以一二事證之孫臏嘗用乎權謀
矣馬陵之役為弩俱伏魏軍至而伏發龐
涓死焉白奇度謂之算何其神也其後王
恢設之伏車騎兵於馬邑之傍欲以虜覺
而自引去且不保安集其能謀虜耶樹奇

當用乎形勢奇兵隔敵之法於此不行參閒
謀而師徒大破秦甲北山者此豈何其
撼也其後曹公設之適劉豫州於烏林之
戰孫以舟擊而自敗已且見暝安望其能
制敵耶西伯將獵卜渭濱王之師既而得
太公望以歸發代大商此用陰陽之故也
漢武封諸將武師取長那城之捷遂功受
爲者可泥而問之乎申公丞臣數其以卑
戰之決決由其術而用之始通上國此用

技巧之敎也要在用車戰以攻守之陳法
料之時王師進焉可驗而同之乎由是觀
之法無常勝所以制其變者機也機苟在
我則明變之變化無方其運神矣孫子曰
解雜亂糾紛者不控拳救鬭者不搏撠批
亢擣虛形格勢禁則自爲解耳其知機乎
兵無必勝所以制其命者[illegible]也將苟知法
紀律和附指揮不惰其所[illegible][illegible][illegible][illegible][illegible][illegible]
會閑用師觀變而動[illegible][illegible][illegible][illegible]然刑政

與程不易不可敬也不免之往往喜作今
雖然將之善者由能用機以御之之善者出
能盡道也夫所謂道者何也治心者也是
已盡必利害無悔於中是非有見於外雖
怒而無怨雖喜而無忧雖危而無所進退
如是死生如是夫是之謂治心才出如
江河道發乎天地成之而不保吾之而
不悲下之而不樂致殊無驕致微無嫌夫
是之謂養氣然此豈易能哉故必天下之

將能為其師之理先儒有言曰稱於己而
禍於人則功有所不立利於令而害於後
則申有所不為功威畢自視亂然不以
自伐此天下之將也非知道莫之能也其
次則一國之將設謀制勝行焉而已乎又
其次則一軍之將攖堅脆力為而已矣
何足與議道乎抑又聞之知道之將雖在
將也過將之難雖在上也古今之論將既
用之後不過專委任明賞罰以馭之而已

夫既責之以專閫之任而又明之以賞罰之倖古人任將之意斷可識也今也兵驕而傲法弛而紛紛擾擾中自圖反側是豈兵之罪哉唐陸贄曰將之號令既鬱不行之於軍國之典常又少或行之於將務相遵養苟爲因循此總戎分閫之臣鮮克忘身效主之節也吁號之言雖爲唐而發實世人主苟因其言而實用之則賞罰明而天下之真勇出矣故曰制三軍之命實在

將制將之功罪者在君論對

第四問 [illegible]

同考試官兵部郎中胡 批 [illegible]

同考試官兵部郎中郎 批 [illegible]

[illegible]

同考試官編修楊 批 [illegible]

[illegible]

同考試官編修傅 批 [illegible]

[illegible]

同考試官編修敖 批 [illegible]

[illegible]

考試官侍讀學士[illegible] 批 [illegible]

考試官學士溫 批 [illegible]

君子之所明諸心而後天下之治貞夫一

盖理具於吾心講而明之之謂學舉而措之之謂業非有待於外也舍是而隨世以逐功名雖其成就粗有可喜詭遇焉而已矣故朱子曰探討淵源所以出治道也究言本末所以立大中也於乎真知言矣執事發策而以

國朝理學名臣爲問蓋自夫言行而求之則其大者可識已愚請就有道而正焉可乎學也者所以學乎聖人也非學聖人也所

以學聖人而求至乎其道也荀卿不云乎聖人也者道之管也天下之道管是矣百王之法一是矣故詩書禮樂之歸是矣古之學者明乎治教之統達乎性命之源閎中而肆外德盛而文明其言與行雖欲不高且美焉不可得也春秋以降去古未遠乃若胥臣之多聞王孫滿之辭令陳軫之辯劉璡之節史傳所記類皆意氣崢嶸才力美盛足以標拂諸侯傾動流輩然本之

則無在當時則已然矣是故徇物者積口耳以爲富其失也離溺志者記華藻以爲工其弊也靡制度之辨勞而少功廉隅之節高而過激夫惟出於自然歸於至當斯其至矣遡而求之孔子之大傳子思之中庸孟子之七篇有聖賢以來未之易也其後周子之太極通書張程之西銘易傳以至朱子之所論著有經說以來未之易也言行之至通神明動天地醇萬物序百官

豈不然哉洪惟我

朝

列聖相承道化旁洽講學之士任功之臣後先相望其大者策名天府小者垂光紀傳亦既班班可考矣近時楊廉考理學之體統遡師友之淵源乃於

皇朝名臣言行錄中摘其既錄者四人廣其未錄者十有一人各加論讚合而名之曰理學其意以河東薛瑄為冠餘干胡居仁亞

焉自今觀之學以復性為主踐履篤實抗
志浩然威勢不怵其心去就不違其義卓
然以明道自望非瑄孰與之觀於讀書錄
而其體已見矣況得行於
朝廷之上乎學以主敬為本不愧屋漏無忝
所生窮理必觀其源距邪一出於正毅然
以衛道為心非居仁孰與之觀於居業錄
而其用可占矣豈謂其林泉之下乎其餘
諸子起於徵召則有若吳與弼陳憲章列

於科目則有若陳選張元禎周瑛羅倫莊
昶黃仲昭章懋張吉蔡清處於下位終於
布衣則有若陳真晟鄭智出處成就雖各不
同然其立言制行要皆不詭於聖人而以
古豪傑自待者矣愚安能以私智而短長
之是故金石絲竹不同也而聲則同犀玉
金珠不同也而寶則同水火日星不同也
而明則同執是而論其趨一矣乎而薛瑄
者崛起儒紳究心理學又諸子之所揖讓

者也此非楊廉一人之言也天下之公言也愚又因是而慨先王養士之制亡而天下無全才矣甚者士竊其名以自欺矣記曰言從而行之則言不可飾也行從而言之則行不可飾也古之士貴實而賤飾蓋如此士務飾以求欺乎上是則世道之可憂也愚深予乎數子者何也蓋當流俗波靡之中士能學問又從而苛議之則為善之路塞矣學者將不畏影而深避乎此區

區之私計也若夫端士習正人心以上鬬
聖天子崇儒之化執事事也執事責也

第五問

陳陞

同考試官給事中安　批
疏通漕河識
今日急務此策備究原委區晝周悉末復歸之得人尤爲有見識
時務者在俊傑其子也邪

同考試官編修嵇　批　我
國家歲漕仰給東南運河通塞所關不細發策之意正欲聞切論

以裨時政子獨詳究古今洞悉利害采而行之
必有明效錄之以爲司計者告

考試官侍讀學士張　批　議漕一策舉筆便能言
之不過綴緝文辭以爲技耳此策考摭詳明斷
制切當處事之才沛然而有餘適用之學也卜
之以俟他日

考試官學士溫　批　漕河有關
國計子能備述古今通塞之故末復以今時可行者備陳之足見
留心世務久矣況三場文字俱出人意表高薦

允宜

嘗聞治河以不治也有必治之爲利者惟漕河爲然治河之流以利漕猶藉兵以止寇其利害均矣故方欲引之而又欲塞之其流未始不爲利而橫決之未始不爲害也夫既欲擅其利而又欲亡其害胡可得哉善乎歐陽修有曰智者之於事有所不能必惟較其利害之輕重擇其害少而利多者爲之尤愈於害多而利少嗚呼通於

此說而後可與言治漕矣漕運之法何始
乎其見於經如禹貢所載入于渭亂于河
之類是已當時所輸不過幣帛九貢之法
時至春秋戰國之世始起議漕秦人兼并
天下飛芻輓粟於瑯琊負海之郡以貯北
河之倉而漕法漸加詳矣後來歷代最盛
無如漢唐宋漢漕山東之粟以給中都官
歲不過數十萬石其後經費漸廣於是有
引渭穿渠置六輔渠以便漕者矣唐仰東

南之粟以贍國用歲亦不過二十萬石其後徵發日繁於是有水次置倉節級轉運以便輸者矣宋之漕運分為四路東南之粟自淮以入陝西之粟自三門白波以入陳蔡東京之粟自惠民廣濟二河以入供給京師此漢唐宋之大較也迨我

成祖文皇帝定都幽燕萬國朝宗四夷畢獻漕入之路獨因元人蓋漢唐都關中宋都汴梁其地不同故爾嘗考之元史其建國之

始江南糧餉或自浙西涉江入淮逆流至
中灤陸運至淇門入御河以達京師或自
利津河或開膠萊河入海至元十九年始
置海運二十六年乃鑿渠起安山西南由
壽張西北至臨清引汶絶濟直屬漳御名
曰會通河盖汶水自古東北入海而以智
力導引使南接淮泗北通白衛則自元人
始也是時汶渠雖開而海運如故至我
朝永樂以來始用守臣之議大濬會通以便

糧運於是江淮一帶萬里通津尺寸之水

盡爲

國家有矣頃者徐呂二洪河流斷絕自淮以北不可以舟歲漕重事急如救焚是可不爲之重慮乎今之漕渠北自海口南至淮河二千餘里其間不過汶泗諸流而已必賴黃河之水自西入之而後漕運流通水利深廣故曰黃河南徙國家之福運道之利也丘文莊亦曰江南貢賦之來必由濟

博之境則河決不可使之東行一決而東
則漕渠乾涸歲運不繼其害非獨在民且
移之國矣盖言運道之利必資於河也然
河勢播遷靡有定向今已自趙皮寨南向
亳泗不復經流於徐又汶泉遇旱則微南
旺以淤而狹此漕之害也爲今之計法在
疏築而已河有故道徙有決口獨不可因
其舊而爲之乎其或河流亢悍不可復回
則計出於引沁矣沁之源出自綿山向嘗

合流於徐而頃爲黄河所併要惟自武陟
而上導于濟源引沁歷曹州由舊分水處出
永通閘以達於二洪可也或謂徐吕二洪
黄河南徙盖嘗引沁矣沁流微弱不足以
濟則如晉謝玄之樹柵立埭擁二岸之流
以利漕宋人之開修月河上下置堰增閘
以時開閉此又計之不得已者也若夫順
天時審事勢度緩急之宜施吾順治之力
又在臨事以裁之而已盖嘗論之古之治

河也易今之治河也難古之責效於水者小今之責效於水者大何也姑以唐事論之唐之漕運大率三節而諸人議論之多一惟以江淮為重德宗時緣江淮米不至六軍之士脫巾呼於道及韓滉運米歲至而德宗太子置酒相慶可見唐人倚辦於此如此其急則

今日國家漕運遠及三吳湘淅諸郡歲至四百餘萬石亦猶唐之江淮也而數寔倍之

一或不繼大可憂者至矣其在水也勢不
得以不爭也是治河之難也雖然治河非
難也治河之官爲難也自水利失其官
故天下不喻於水而失其水之性以憂國
家矣夫惟建官總理明其有司不使數易
責之課最又使水工之徒佐知其利害如
古秦漢之法於諸河察其趨焉於諸泉緝
其入焉於決岸謹其防焉於工若料制其
節焉凡可以濟漕者先爲之防曲爲之備

則患至而能救無甚敗害也此慮患之本
也先儒有言曰今日之慮水莫若慮官其
斯之謂乎謹對

會試錄後序

維
皇上誕膺寶曆于茲二十年矣文
章禮樂之化燦然與
天地相爲昭焉薄海内外涵濡漸
漬跂行喙息莫不喁喁焉有
榮光生氣況士乎況蒙被

聖人之化以天下士自命者乎歲
辛丑大校士南宫錄已諏日
獻諸
丹陛臣衮以職事謹言其後曰士
自負無求於世惟上之人舉
而用之以共承天地理六官
而康海内士之責厥惟重矣

其始也主司操尺度而求之
亦惟觀以文耳夫文曷從有
哉易曰日月麗乎天百穀草
木麗乎土此天地之精也文
之至也夫人之心既具天地
之藴則其和粹充積發爲文
章敷賁典彛經緯民物以麗

天下其大者行於
朝廷小者行於郡邑近者行於
室家遠者行於蠻貊譬之耒
耜陶冶切於農工關一則生
人之道不完矣間不然焉或
者始執而議之謂文不足以
濟天下而憂國家殆不考其

本原者爾虞氏九官周人六
典未嘗棄文與法疇洛董正
之治赫然明效於邦國其治
功之卓越萬世莫尚焉我
朝
列聖相承誕求賢哲考虞周之遺
意斟酌唐宋之法始於鄉賦

而極茲南宮之選鼓舞振勵
詳延而懋簡之得士之盛熙
于帝載亦既昌且碩矣恭惟
皇上明德建中
純心顲俊每當省試之歲
廷對之辰
負扆臨軒

親賜策問詢以當世大畧士有能
陳說古今論列利害切於民
生治道者又背
親賜品裁列之上第
奎璧之文昭回
天漢
絲綸之寵下被衣褐之言海内縉

紳快覩傳聞以爲自古帝王
所未有之盛事士際遭逢抑
何以仰稱
德意於萬一乎嘗聞之事君之法
有其君不敢有其身有其身
則厚於殖己薄於謀國茍有
利害少異於前凡可以曲營

而周計者無不至也况世味之既深而易之移乎此宋朱熹之所嘗深懼而古今人材又可歎已爾多士負天下之才以出視其言隱然以天下之重自任主司首以事

君之法告焉謹臣道也盍相與成

其信而勵之

翰林院侍讀學士奉直大夫

張袠謹序

恩榮次第

嘉靖二十三年

三月十五日早諸貢士赴

内府

殿試

上御

奉天殿

親賜策問

文武百官朝服侍班是日錦衣衛

丹陛丹墀內

上御

奉天殿鴻臚寺官傳

制唱名

禮部官捧

黃榜鼓樂導引出

長安左門外張掛畢順天府官用傘蓋儀從送

元歸第

四月初二日

供給官

奉政大夫光祿寺少卿高潛

奉政大夫光祿寺少卿李錞

承德郎光祿寺寺丞賈桂

將仕佐郎禮部司務井震 乙酉

登仕郎禮部精膳清吏司署郎中事司務胡秉曾 癸酉貢士

承德郎禮部精膳清吏司署員外郎事主事王健 庚戌

承德郎禮部精膳清吏司主事高簡 己丑進士

監試官

文林郎陝西道監察御史閻隣

文林郎貴州道監察御史周亮 壬

受卷官

奉議大夫右春坊右庶子兼翰林院侍講楊維傑 丙戌進士

文林郎吏科都給事中盧勳 壬辰進士

承事郎禮科都給事中周采 壬辰進士

彌封官

中大夫光祿寺卿王禎 丙

承事郎工科署科事給事中張聚 乙未進
從仕郎戶科給事中鮑道明 戊戌進
巡綽官
特進光祿大夫錦衣衛掌衛事後軍都督府右都督陳寅
榮祿大夫錦衣衛管衛事後軍都督府都督僉事張錡
驃騎將軍錦衣衛都指揮使袁天章
鎮國將軍錦衣衛都指揮同知高懋
昭毅將軍錦衣衛都指揮僉事趙俊
昭勇將軍錦衣衛指揮使陸炳
革帛一八蔚旨

通議大夫太常寺少卿兼司經局正字周令 [illegible]

嘉議大夫太常寺少卿兼司經局正字張電 儒士

嘉議大夫太常寺卿張文憲 [illegible]

嘉議大夫尚寶司掌司事太常寺少卿劉[illegible] 吏員

中憲大夫鴻臚寺卿陳璋 監生

奉議大夫光祿寺少卿曹[illegible] 儒士

奉議大夫尚寶司少卿嚴[illegible] 官[illegible]

奉訓大夫尚寶司少卿談相

左春坊左司直郎兼翰林院檢討[illegible]

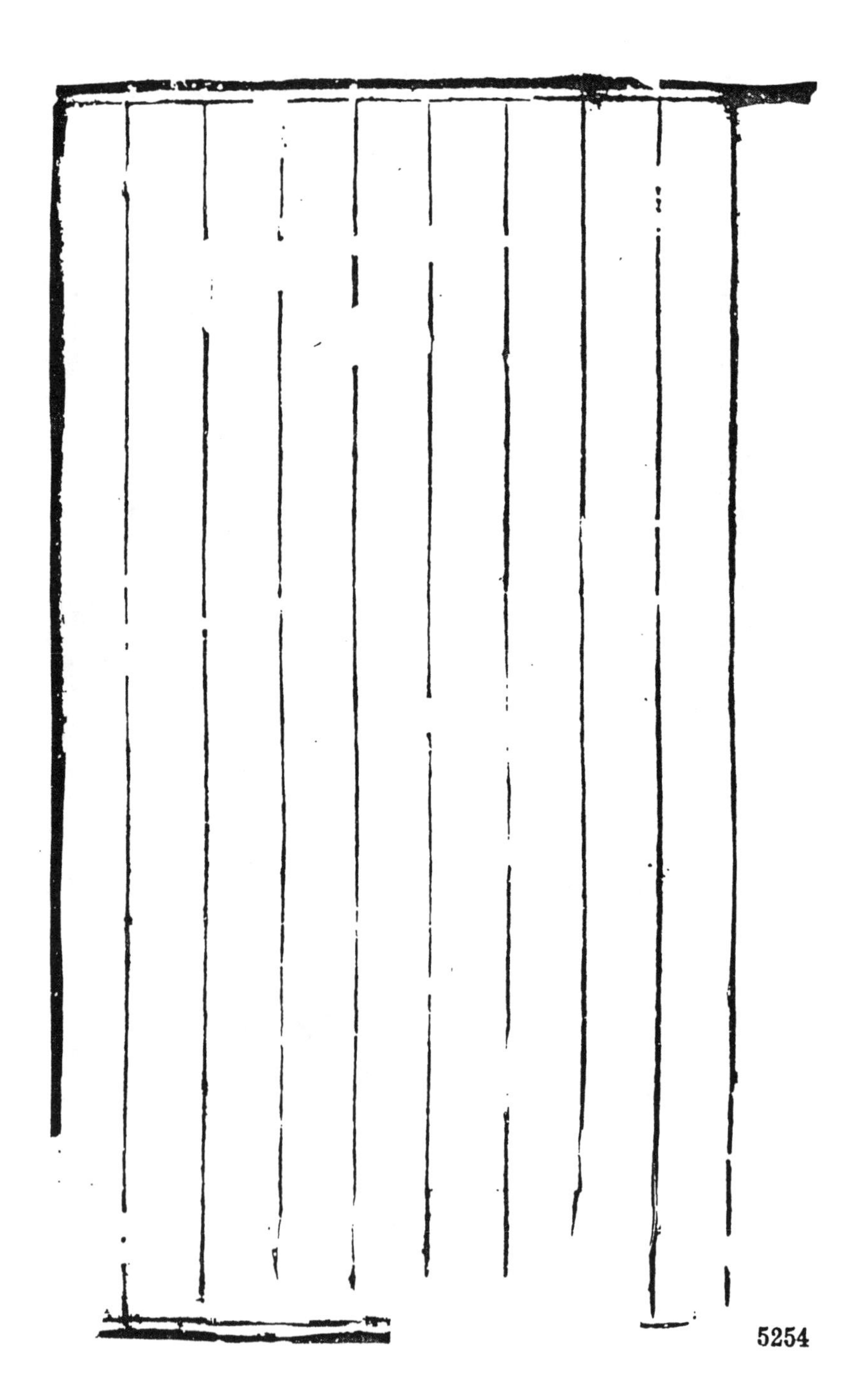

第一甲三名

賜進士及第

秦鳴雷　貫浙江台州府臨海縣軍籍　府學增廣生

治春秋字子豫行四年二十七二月初三日生

曾祖宗傅　祖彥彬（封行人司司副 贈刑部郎中）　父文（布政司左參政）　母姚氏（封宜人）　繼母楊氏

慈侍下　兄鳴春（貢士）　鳴夏（右春坊右中允兼翰林院修撰）　弟鳴秋　鳴冬　娶趙氏

浙江鄉試第八十名　會試第一百七名

瞿景淳 貫直隸蘇州府常熟縣匠籍

治詩經字師道行一年三十八五月二十七日生

曾祖欽 祖珊 父國賢 母秦氏

慈侍下 娶李

應天府鄉試第十六名 會試第一名

吳情 貫直隸常州府無錫縣軍籍 國子生

治詩經字以中行一年四十一正月十二日生

曾祖貫 祖程 父亨 母徐氏

重慶下 弟懷 [illegible] 恒 忱 惇 娶楊氏 繼娶戴氏

應天府鄉試第十二名 會試第七十三名

第二甲九十三名

賜進士出身

涂鉉　貫江西南昌府豐城縣軍籍　國子

治詩經字廷舉行八年三十五八月初三日

曾祖具鑑　祖質循　父朝寧　壽官　母熊氏

嚴侍下　娶左氏

江西鄉試第四十四名　會試第四十二

熊達

貫江西臨江府清江縣民籍

治詩經字子漸行五年三十四十月二十日生

曾祖可昂 祖春和 父愛 母彭氏

具慶下 兄運 逢 弟造 娶楊氏

江西鄉試第十八名 會試第一百九十五名

戴完

貫直隸安慶府桐城縣民籍 縣學生

治書經字仲修行五年二十六二月二十七日生

曾祖冕歲貢監生 祖寶 父儒義官 母劉氏 繼母俞氏

具慶下 兄元 充 弟克 覺 娶君氏 繼娶方氏

應天府鄉試第九十一名 會試第二百四十五名

林沫

貫山東登州府寧海州文登縣民籍 縣學

治詩經字孔源行一年三十一十月二十日

曾祖俊 祖忠 父用 省祭官 母姜氏 繼母姜氏

永感下 娶張氏

山東鄉試第五十九名 會試第一百九十名

劉慤

貫江西吉安府萬安縣民籍 國子生

治易經字致卿行二年三十七六月初十日

曾祖廣衡 資善大夫刑部尚書 祖喬 左布政使贈通議大夫 父玉 前通議大夫刑部左侍郎 前母蕭氏 贈淑人 母[illegible]

慈侍下 兄意 都察院司務 弟衍 官生 娶[illegible]

江西鄉試第[illegible]十九名 會試第一百[illegible]

蔣賔

貫浙江台州府臨海縣匠籍
治春秋字汝觀行一年三十三十月二十二
曾祖倫　祖琰　父儀　前母彭氏　母楊
嚴侍下　弟宣　宏　娶侯氏　繼娶謝
浙江鄉試第五十九名　會試第二百四十六名

章士元

貫直隸蘇州府崑山縣民籍吳縣人　國子生
治詩經字伯允行一年三十二四月十一日生
曾祖鏞　祖澤　父杲　母屠氏
具慶下　弟炳　士龍　爍　娶金氏
應天府鄉試第一百十名　會試第十三名

第三甲二百一十六名

賜同進士出身

曹三賜 貫直隸常州府宜興縣民籍 縣學生

治禮記字子泰行三年二十九九月十九日生

曾祖立 祖詔 父琊 母毛氏 繼母姜氏

具慶下 兄賜一賜弟崇賜應賜鳴賜東賜聲

應天府鄉試第五十名 會試第一百

于錦

貫山東濟寧衛籍萊陽州人　州學生

治易經字實甫行一年三十五七月初八日生

曾祖勝　祖龍　父賢　母孟氏

具慶下　弟乾　舟　塩　娶謝氏

山東鄉試第六十四名　會試第一百八十三名

王宗沐

貫浙江台州府臨海縣民籍　府學增廣生

治春秋字新甫行二年二十二正月十九日生

曾祖纉　祖逸卿醫官　父訓　母鄭氏

重慶下　兄宗淵　弟宗漳　宗范　宗淶　宗洛　娶秦氏

浙江鄉試第三名　會試第一百六十八名

陳天祐 貫山西澤州民籍 國子生

治詩經字謙甫行二年三十六正月初九日生

曾祖林 祖秀典史 父珏典史 母裴氏

慈侍下 兄仁 儒 偉 弟俊 僑 傑 修 信 娶張氏

山西鄉試第十一名 會試第一百十六名

許應亨 貫浙江杭州府錢塘縣民籍順天府東安縣人 [illegible]

治易經字子嘉行九年三十九月十七日生

曾祖九皋 祖紳 父龜年贈奉直大夫工部員外郎 母陳氏封太宜人

慈侍下 兄應爵 應元工部虞衡司郎中 [illegible] 娶[illegible]氏

[illegible]天府鄉試第九十九名 會試第一百四十[illegible]

査懋昌

貫大醫院籍直隸蘇州府長洲縣人

治易經字允言行一年三十九十月十五日生

曾祖文 府同知贈中大夫布政使司右参政 祖暘 累贈中大夫布政使司右参政 父應臣 訓導 母陳氏 繼母孫氏 雷氏

具慶下 弟懋光 前刑部主事 懋昭 貢士 懋欽 懋芳 懋賢 懋元 娶徐氏

順天府鄉試第七十九名 會試第二百三十九名

羅一鵠

貫福建福州府閩縣民籍 縣學增廣生

治易經字應周行四年三十四十一月初七日生

曾祖耆 祖紘 父惟遠 學正 前母陳氏 母曾氏

慈侍下 兄一鳳 娶方氏

福建鄉試第三十五名 會試第二百二名

李懿

貫直隸河間府景州吳橋縣民籍 國子生

治詩經字美卿行十九年二十九四月二十八日生

曾祖興 祖旻 壽官 父順 壽官 母于氏

具慶下兄時 省祭官 尚絅 尚仁 俱歲貢生 桐 貢士 棟 監生 學 舉 娶梁氏

順天府鄉試第七十二名 會試第一百五十二名

周士佐

貫浙江紹興府餘姚縣民籍 國子生

治書經字汝良行二十八年三十 正月十二日生

曾祖鼎 長史 祖武 父訓 母李氏

具慶下 弟士佑 士僑 士倫 娶[illegible]

浙江鄉試第九十名 會試第三名

劉松

貫江西臨江府新淦縣匠籍

治詩經字汝貞行七年二十九三月初六日生

曾祖肅　祖進　父濬壽官　母習氏

具慶下　兄檜　娶傅氏　繼娶董氏

江西鄉試第十八名　會試第十八名

王之臣

貫直隸徽州府歙縣民籍　國子生

治詩經字惟忠行三年三十五七月十五日生

曾祖顯　祖福宗　父尚　母方氏

具慶下　兄伯壽　弟之子　娶汪氏

應天府鄉試第六十名　會試第一百六十名

余一鵬

貫福建興化府莆田縣軍籍 國子生

治詩經字朝舉行四年三十二十一月初六日生

曾祖寅賓 祖用和 累贈中憲大夫太僕寺少卿 父瓚 亞中大夫太僕寺少卿 母姚氏 累封恭人

慈侍下 兄一夔 一龍 一鶚 娶陳氏

福建鄉試第八十七名 會試第一百四十七名

劉光濟

貫直隸常州府江陰縣民籍 靖江縣人 縣學增廣生

治易經字憲謙行一年二十五二月二十日生

曾祖沂 祖和 父緒 母鄭氏

具慶下 弟光亨 光化 光國 光昭 娶呂氏

應天府鄉試第六十七名 會試第二百[illegible]

謝彬　貫福建漳州府龍溪縣民籍

治易經字文華行一年三十一十二月十一日生

曾祖興邦　祖崇顯　父正雄　母林氏

慈侍下　弟彭　彩　彥　娶方氏

福建鄉試第九十名　會試第二百一十一名

許用中　貫山東兗州府東平州東阿縣軍籍　縣學增廣生

治書經字子執行一年二十八十一月初九日生

曾祖純　祖汝聰監生　父東陽　嫡母周氏　繼母孔氏　生母董氏

慈侍下　弟黃中　娶楊氏

山東鄉試第七十三名　會試第四十一名

阮鶚 貫直隸安慶府桐城縣民籍 國子生

治易經字應薦行六年二十四十月二十四日生

曾祖永誠 祖暹 父廷瓚壽官 母吳氏 生母童氏

永感下 兄鵬監生 娶張氏 繼娶程氏

應天府鄉試第四十八名 會試第一百九十九名

陳皐謨 貫直隸常州府江陰縣民籍 縣學增廣生

治易經字思贊行一年四十十二月二十六日生

曾祖至中七品散官 祖慶七品散官 父魯 母盛氏

慈侍下 弟益謨 娶華氏

應天府鄉試第一百十七名 會試第一百六[illegible]

雷夢麟 貫江西南昌府進賢縣民籍

治書經字伯仁行二年三十一十月初十日生

曾祖仲迅 祖宣 父倫 母朱氏

具慶下 弟夢熊 夢龍 夢鸞 娶萬氏

江西鄉試第六十二名 會試第二十四名

汪垍 貫直隸徽州府休寧縣軍籍 國子生

治書經字仲私行二年三十四正月初七日生

曾祖武貴 祖齊 父昱訓導 前母吳氏 母戴氏

重慶下 兄培 弟埇 娶王氏 繼娶張氏

應天府鄉試第九十二名 會試第一百三十七名

吳桂芳　貫江西南昌府新建縣軍籍　縣學

治詩經字子實行一年二十四九月初三日生

曾祖世雄　祖珂省祭官　父山　前母葉氏　母舒氏　繼母潘氏

具慶下　弟季芳　娶崔氏

江西鄉試第二名　會試第二百十三名

李遜　貫江西南昌府新建縣民籍　縣學生

治易經字子益行十年二十七七月二十三日生

曾祖時中　祖文政　父素端　母程氏

具慶下　兄達道　選　逢　遷南京兵部主事　遐　通　述　迪　暹　弟遇監生　遵　運　達　娶孔氏

江西鄉試第五十三名　會試第二百四十六名

馮有年

貫直隸常州府無錫縣軍籍

治書經字子占行二年四十五十月初一日生

曾祖以順　祖緒　父季貴　母周氏

慈侍下　兄文富　弟霖　娶周氏　繼娶謝氏張氏

應天府鄉試第一百二十四名　會試第一百三名

徐惟賢

貫浙江紹興府上虞縣民籍　國子生

治易經字師聖行一年三十四六月初一日生

曾祖梗　祖子瀹恩例冠帶　父大中　母張氏　繼母楊氏

具慶下　弟惟能惟德惟聰惟明惟睿惟智　娶莊氏

浙江鄉試第七十一名　會試第二百七十六名

王宗堯 貫四川敘州府富順縣竈籍 國子生

治詩經字見甫行二年四十六十二月初六日生

曾祖大賓 祖聘 父梵鳳 母歐氏 繼母曾氏 章氏

永感下 兄宗武 弟宗德 娶劉氏 繼娶羊氏 楊氏

四川鄉試第三十九名 會試第二百七十名

馮熊 貫浙江金華府金華縣民籍 國子生

治詩經字伯祥行四年四十五三十二十月十九日生

曾祖傑按察司按察使進階中奉大夫 祖暘知縣贈主事 父涂知州前員外郎 母章氏贈安人 繼母司馬氏封安人

慈侍下 兄璣知縣 珂 瓏知州 珊 珣 琊 虎 獬 驊 弟鵬 娶白氏

浙江鄉試第三十七名 會試第一百十[illegible]

季德甫 貫直隸蘇州府太倉州匠籍 國子生

治易經字仲修行二年三十七八月二十七日生

曾祖讓 祖鑑 壽官 父沐 前母薛氏 母朱氏

具慶下 兄德英 弟鴻 磐 孔陽 孔固 娶張氏

應天府鄉試第一百二名 會試第二百二十五名

戈九章 貫錦衣衛匠籍直隸吳縣人 國子生

治禮記字惟東行三年三十二十月初六日生

曾祖寧 祖瑀 父裕 鴻臚寺司賓署署丞 母雷氏

具慶下 兄九功 九成 九德 弟九儀 九疇 九賓 九士 九經 娶葉氏 繼娶杜氏

順天府鄉試第四十八名 會試第一百七十四名

劉崙

貫直隸廬州府無為州軍籍　州學生

治詩經字山甫行三年二十七九月初四日生

曾祖克恭　祖琛七品散官　父鏜義官　母林氏

具慶下　兄崒　弟徽　嵩　娶後氏

應天府鄉試第六十名　會試第一百九十三名

林愛民

貫福建福寧州民籍　國子生

治禮記字惟牧行八年三十七十二月二十六日生

曾祖滕　祖文孟貢士　父況　母盛氏

慈侍下　兄栻　梁　娶黃氏　繼娶胡氏　陳氏

福建鄉試第十名　會試第六十一名

曾楚

貫廣東廣州府南海縣民籍　府學增廣生

治詩經字維翹行二年三十十二月初二日生

曾祖廣積　祖愷　父慶　母劉氏

具慶下　兄琪　弟翰　娶黃氏

廣東鄉試第二十四名　會試第七十名

謝孟金

貫河南陳州衛中所軍籍　州學生

治春秋字子純行三年三十十一月二十一日生

曾祖胜　祖鵬　父讓　前母李氏　母喬氏

慈侍下　兄玉　孟陽　弟孟臣　娶齊氏　繼娶姜氏

河南鄉試第四名　會試第九十一名

方瑜 貫直隸徽州府歙縣民籍 國子生

治春秋字元忠行一年四十一四月二十九日生

曾祖彥榮 祖柳宗 父從政 母汪氏

具慶下 弟琦 向 璧 瑄 瑞 玘監生 玠 琛 娶宋氏

應天府鄉試第五十二名 會試第二百十五名

洪公諧 貫福建漳州府龍溪縣民籍 府學增廣生

治易經字廷和行一年三十三三月十八日生

曾祖明 贈監察御史 祖異 布政司左參議 父日瑞 母沈氏

重慶下 弟泰 貢士 公諒 公訓 公讚 公謹 公誌 公諤 娶蘇氏

福建鄉試第十二名 會試第四十七名

張燭 貫浙江紹興府蕭山縣民籍 國子生

治書經字汝玉行三年三十九月初七日生

曾祖江 贈資政大夫都察院右都御史 祖山 壽官 父鑑 具 嫡母史氏 繼母俞氏 生母陳氏

嚴侍下 兄燈 弟烋 娶沃氏

浙江鄉試第八十二名 會試第六十名

江冕 貫江西建昌府南豐縣民籍 國子生

治書經字端甫行一年三十五十二月初十日生

曾祖景綸 祖秉昭 壽官 父宙 母李氏 繼母黃氏

重慶下 弟景雲 娶朱氏 繼聘馬氏

江西鄉試第四十四名 會試第八十六名

陶大有　貫浙江紹興府會稽縣民籍　縣學生

治春秋字子謙行七年三十四十二月十九日生

曾祖性 貢士　祖諮 知縣　父師文 知縣　母楊氏

重慶下　兄大經 貢士　大倫 監生　弟大爵 [illegible]　大觀　大[illegible]　娶[illegible]氏

浙江鄉試第四十七名　會試第五十二名

陸煒　貫錦衣衛官籍浙江嘉興府平湖縣人　試中書舍人

治詩經字文蔚行二年二十三正月十七日生

曾祖式 [illegible]　祖墀 [illegible]　父松 [illegible]　母范氏 [illegible]　[illegible]氏

侍下　兄炳 壬辰武舉錦衣衛管衛事指揮使　娶劉氏

順天府鄉試第一百名　會試第三百十八名

5280

徐文通　貫浙江金華府永康縣匠籍　國子生

治書經字汝思行八十八年三十三十月初三日生

曾祖得晟　祖恪　父時繁　母孫氏

具慶下　弟文述　娶趙氏

浙江鄉試第二十四名　會試第二百十二名

馮觀　貫浙江杭州府海寧縣匠籍錢塘縣人　國子生

治詩經字晉叔行一年三十六六月十三日生

曾祖亮　祖貴　父謙　母陳氏

重慶下　弟觀見覺親靚覲寬　娶包氏

浙江鄉試第二十七名　會試第二百二十二名

伯二

李宜春

貫福建興化府莆田縣鹽竈籍

治書經字應元行二年三十三九月初八日生

曾祖孟驕　祖完河泊官　父玉　母黃氏

永感下　兄仁　弟開春　會春　娶劉氏

福建鄉試第三十一名　會試第三十四名

皇甫濂

貫直隸蘇州府長洲縣民籍　國子生

治易經字道隆行四年三十六十月初八日生

曾祖通　祖信贈禮部員外郎　父錄知府封中憲大夫　母黃氏封恭人

慈侍下　兄沖貢士　涍按察司僉事　汸南京吏部郎中　娶顧氏

應天府鄉試第八十一名　會試第二名

徐學詩　貫浙江紹興府上虞縣軍籍　縣學附學生

治詩經字以言行十八年二十八閏十二月十五日生

曾祖徽　祖敦恩例冠帶　父子忱州判　母葛氏

重慶下　兄球教諭　學知　學文　學道　學賢　學禮　學易　學成　弟學顔　娶劉氏

浙江鄉試第七十三名　會試第八名

李橋　貫江西建昌府南豐縣匠籍　國子生

治詩經字文濟行一年三十三九月初四日生

曾祖孔榮　祖瓊　父鑾　母舒氏

重慶下　弟栢　檀　娶羅氏

江西鄉試第四十七名　會試第一百六十五名

錢嘉猷

貫湖廣[illegible]

治書經字敬承行四年四十五十月二十八日生

曾祖安　祖寧明威將軍　父山封懷遠將軍　母許氏封淑人

嚴侍下　兄嘉慶、嘉言　嘉謀　娶周氏

貴州鄉試第三名　會試第二百九十六名

陸穩

貫浙江湖州府歸安縣民籍　縣學生

治書經字汝成行三年二十八三月初五日生

曾祖震知州　祖嵩知州　父階醫官　母陳氏

重慶下　弟稷　秩　娶潘氏

浙江鄉試第七十一名　會試第一百五十五名

趙鉞

貫直隸安慶府桐城縣民籍　縣學生

治書經字子舉行十年三十三四月二十九日生

曾祖信　祖永芳　父琍　母汪氏

具慶下　兄欽省祭　銳貢士　錫　鈞　弟銖　娶方氏

應天府鄉試第一名　會試第一百八名

周冉

貫直隸永平府灤州民籍　國子生

治易經字子雲行十三年三十四正月初四日生

曾祖賢　祖通　父珍　母張氏

具慶下　兄尚文　尚質　府　弟邑　户　娶張氏　繼娶張氏

順天府鄉試第三十六名　會試第二十一

張仲

貫江西南昌府[illegible]民籍　府學生

治書經字明孝行一年二十二九月十一日生

曾祖瑞　祖元春 知府食三品俸進階亞中大夫　父登　母李氏

嚴侍下　弟仕　作　位　佩　化　娶趙氏

江西鄉試第三名　會試第一百七十三名

萬恭

貫江西南昌府南昌縣軍籍　府學生

治詩經字肅卿行二年三十八月二十三日生

曾祖欽武　祖明達　父文炳　母胡氏

重慶下　弟思從　思泰　娶周氏

江西鄉試第二十名　會試第九十四名

唐禹　貫浙江杭州府海寧縣民籍　國子生
治易經字思平行二年三十八九月初九日生
曾祖安　祖琳訓導　父世卿通判　母楊氏
永感下　兄夔　弟稷　契　娶姚氏
浙江鄉試第十六名　會試第九名

胡安　貫浙江紹興府餘姚縣軍籍　國子生
治禮記字仁夫行四年三十四正月初一日生
曾祖禮　祖楷　父軒運使　母王氏
永感下　兄寬監生　實　寧　完　弟寅　娶謝氏

浙江鄉試第四十五名　會試第四

林光祖 貫廣東潮州府揭陽縣民籍 國子生
治書經字以謙行一年三十七八月二十七日生
曾祖鑾 祖愷 父文國子監學正 母陳氏 繼母鄭氏 楊氏
永感下 弟光裕 娶陳氏
廣東鄉試第三名 會試第六名
張子弘 貫江西吉安府廬陵縣軍籍 縣附學生
治詩經字汝容行十二年三十三三月初四日生
曾祖軾壽官 祖勵 父江知縣 母曾氏
慈侍下 兄子勲 子介 娶劉氏
江西鄉試第五十五名 會試第三十二名

王詢 貫四川、成都右衛官籍 國子生

治春秋字可庸行一年二十九三月二十四日生

曾祖昱 祖楠 父翰 指揮使 嫡母馬氏 生母梁氏

具慶下 弟訪 娶李氏

四川鄉試第四名 會試第六十九名

舒春芳 貫江西饒州府鄱陽縣民籍 縣學生

治易經字景仁行一年二十七十月初十日生

曾祖昱 衛經歷 祖穆 壽官 父載道 終養進士 母程氏

具慶下 弟春和 娶劉氏

江西鄉試第三十八名 會試第二百四十一名

劉佃

貫江西吉安府廬陵縣[illegible]籍 [illegible] 府學[illegible]生

治易經字仲有行三年二十六正月二十一日生

曾祖景隆 遇例冠帶 祖梃 遇例冠帶 父昉 訓導 母王氏

重慶下 兄偲 弟倜 位 娶高氏

江西鄉試第八十六名 會試第一百二十八名

張大中

貫山東東昌府臨清州民籍 州學生

治書經字子用行一年四十一二月二十七日生

曾祖興 祖信 父功 母李氏 繼母趙氏

慈侍下 弟大才 大用 大業 娶王氏

山東鄉試第九名 會試第一百四十名

鄧向榮 貫福建汀州府清流縣民籍 國子生

治詩經字元植行一年三十五六月十二日生

曾祖得實 祖穩 父烜 縣丞 母伍氏

具慶下 弟向用 向道 娶湯氏

福建鄉試第十六名 會試第五十一名

方九敘 貫浙江杭州府錢塘縣民籍 國子生

治易經字禹績行二年三十八九月十三日生

曾祖仲仁 祖貴 父人 前母柴氏 柴氏 母陳氏

具慶下 兄九功 弟九德 娶金氏

浙江鄉試第二十五名 會試第二百[illegible]

譚綸 貫江西撫州府宜黃縣民籍 儒士

治書經字子理行三年二十五七月二十日生

曾祖積璧 祖廷用 父鎬 教授 前母黃氏 母羅氏

具慶下 兄經 弟綍 娶饒氏

江西鄉試第八十名 會試第二百四名

袁福徵 貫直隸松江府華亭縣人軍籍 府學生

治書經字履善行一年二十四七月三十日生

曾祖瑛 知州 祖貫 父以嗣 訓導 母唐氏

具慶下 兄元徵 弟嘉徵 孝徵 晉徵 夢徵 娶彭氏

應天府鄉試第九名 會試第一百十五名

陸夢豹 貫江西南昌府豐城縣軍籍 國子生

治詩經字文蔚行四年四十二月二十日生

曾祖具載旌表義民 祖德美 父時叙生員封文林郎府推官 母杜氏封太孺人

慈侍下 兄夢麟前監察御史 娶萬氏 繼娶李氏 蔣氏

江西鄉試第十名 會試第二百二十八名

周鍵 貫四川叙州府富順縣軍籍 縣學增廣生

治詩經字啓夫行八年三十正月初九日生

曾祖秉儒 祖萬斗贈戶部主事 父詔知府 前母彭氏贈安人 母方氏封安人

慈侍下 兄銳 鋕 錦引禮舍人 銃 鈇 鉉 鍊 弟鏈 錒 鎔 娶[illegible]氏

四川鄉試第二十二名 會試第六十[illegible]名

唐文

貫四川敘州府富順縣籍 國子生

治書經字易夫行二年三十九六月初八日生

曾祖友信 祖旋贈徵仕郎義勇衛經歷 父嘉誥 母左氏 繼母陳氏

具慶下 兄壂 鑒 弟令 典 冊 曆 娶吳氏 繼娶陳氏

四川鄉試第六名 會試第一百四十四名

余文獻

貫江西九江府德化縣民籍 國子生

治詩經字伯初行一年三十九四月初五日生

曾祖旻 祖志琳 父仁 母王氏

嚴侍下 弟文華 娶陳氏

江西鄉試第三名 會試第六十二名

項守禮 貫浙江寧波府奉化縣軍籍 縣學生

治詩經字進伯行一年三十二正月二十六日生

曾祖懐 山西道監察御史 祖頴 府學訓導 父秀 歲貢 母周氏

嚴侍下 弟守義 守廉 娶沈氏

浙江鄉試第五十名 會試第三百一名

王會 貫直隸松江府華亭縣匠籍 國子生

治易經字子嘉行一年二十七十二月十五日生

曾祖綸 祖瓚 義官 父良玉 母杜氏

具慶下 兄章 命 弟侖 念 僉 娶陳氏

應天府鄉試第一百十九名 會試第三十名

蔣孝

貫直隸常州府武進縣民籍　國子生

治詩經字惟忠行二年四十一三月初四日生

曾祖實　祖志　父獻 壽官　前母白氏　母馮氏

嚴侍下　兄節　堂　雲　娶華氏

應天府鄉試第三十一名　會試第二百十名

陳士元

貫湖廣德安府應城縣軍籍　國子生

治易經字心叔行一年二十九三月十四日生

曾祖瑤　祖尚言 散官　父正 歲貢生　母華氏

具慶下　弟士充　士宅　士兗　士光　士先　娶程氏

湖廣鄉試第十四名　會試第二十五名

遲鳳翔 貫山東青州府臨朐縣軍籍 縣學生

治易經字德機行一年三十九十一月二十二日生

曾祖讓縣丞 祖啟 父聰 母蕭氏

慈侍下 弟鳳儀 娶沈氏

山東鄉試第十三名 會試第一百八十七名

鄔璉 貫江西瑞州府新昌縣民籍 國子生

治易經字宜瑩行八年三十二四月二十日生

曾祖三誤 祖尚縉 父承業 前母吳氏 母晏氏

慈侍下 兄瓚 弟玘 娶劉氏

江西鄉試第七十八名 會試第二百四十九名

許士元 貫江西饒州府鄱陽縣籍 費

治春秋字允卿行一年二十九七月初八日生

曾祖籌 祖尚賢 父仁散官 母羅氏

具慶下 弟士明 士奇 士良 娶江氏

江西鄉試第十四名 會試第一百五十六名

陶欽皋 貫江西九江府彭澤縣民籍 縣學生

治禮記字克允行十四年三十三七月二十八日生

曾祖榮 祖[illegible]醫學訓科 父埜醫學訓科封文林郎浙江道監察御史 母宋氏孺人 繼母劉氏

嚴侍下 兄欽民貢士 欽疇 欽夔按察司副使 欽中監生 娶馮氏

江西鄉試 三名 會試第二百二十三名

劉朝佐 貫江西吉安府安福縣軍籍 國子生

治春秋字守道鄉行二年三十三正月十九日生

曾祖汶贇 祖璐 父潛 前母王氏 母吳氏

具慶下 兄朝用恩例冠帶 弟朝傑 娶王氏

江西鄉試第十九名 會試第三十三名

楊師震 貫山東東昌府館陶縣軍籍 縣學生

治詩經字子良行一年二十九八月二十一日生

曾祖威 祖鈞 父傑 前母王氏 母武氏

慈侍下 娶孫氏

山東鄉試第十二名 會試第一百十四名

劉爾牧　貫山東兗州府東平州民籍　州學增廣生
治詩經字子成行二年二十二月初八日生
曾祖海（贈兵部侍郎兼都察院右副都御史）　祖恩（封大理寺少卿贈兵部侍郎兼都察院右副都御史）　父源清（兵部左侍郎兼都察院右副都御史）　母李氏（封淑人）　繼母張氏
嚴侍下　兄爾耕（官生）　弟爾僕　爾卜　娶趙氏
山東鄉試第二十五名　會試第二百四十三名

朱大器　貫江西建昌府南城縣民籍　國子生
治書經字自克行一年三十九十月三十日生
曾祖以忠　祖子敬　父宏（訓導）　母鄒氏
具慶下　娶左氏　繼娶單氏
應天府鄉試第五十九名　會試第一百二十五名

熊汝達 貫江西南昌府進賢縣軍籍 縣學附學生

治詩經字德明行八年二十五十一月初二日生

曾祖恕民 祖懷道 父譽 母萬氏 繼母魏氏 朱氏

重慶下 兄活 弟愈哥 汪 洋 激 淑 娶閔氏

江西鄉試第七名 會試第三百十五名

畢鏘 貫直隸池州府石埭縣匠籍 縣學生

治春秋字廷鳴行三年二十八五月初五日生

曾祖庚生 祖貴 父永高 前母萬氏 母崔氏 繼母孫氏

具慶下 兄鋼 鏜 娶祁氏

應天府鄉試第一百四名 會試第五名

何一舉 貫四川成都府成都縣民籍

治詩經字德卿行五年三十八七月初一日生

曾祖彥昭 祖謙 父佐 母王氏

具慶下 娶高氏

四川鄉試第一名 會試第七十五名

范階 貫山東萊州府膠州即墨縣軍籍 縣學增廣生

治易經字景志行三年二十八九月二十一日生

曾祖清 祖能 父鵬 前母王氏 繼母劉氏 生母陳氏

慈侍下 兄陞 弟防 陛 阡 陌 陶 娶楊氏

山東鄉試第十八名 會試第八十名

王一陽

貫直隸揚州府江都縣軍籍　國子生

治易經字復行一年三十五十一月二十二日生

曾祖珏壽官　祖輔知縣　父遷監生　母孫氏　繼母林氏

慈侍下　弟一德　言　夔　悉　忈　程　恩　儒　舉　貢　秀　滔　賢民　娶沈氏

應天府鄉試第一百十四名　會試第一百五名

閻子充

貫河南汝寧府汝陽縣民籍　府學生

治書經字仲實行二年三十四八月十四日生

曾祖珙　祖欽壽官　父澤知縣　前母楊氏　母房氏

慈侍下　兄子完　弟子冠　子民　娶[illegible]氏　繼娶王氏

河南鄉試第三十七名　會試第二百三十七名

李臨陽　貫四川重慶府江津縣軍籍　國子生
治春秋字汝貞行三年三十八十月初八日生
曾祖樹壽官　祖壽　父周　母周氏
嚴侍下　兄扶陽　載陽　娶王氏
四川鄉試第二十四名　會試第二百三十三名

吳朝鳳　貫浙江温州府樂清縣軍籍　國子生
治詩經字鳴仲行三十一年四十二月十四日生
曾祖綸通議大夫南京禮部右侍郎贈本部尚書諡恭毅　祖玄應正奉大夫廣東右布政使　父九仁　母金氏
嚴侍下　兄朝鉞　朝鏤　弟朝求　朝錄　朝鈍　朝鸞　朝鵬　朝陛　朝在　朝寬　朝鍐　娶[illegible]氏
浙江鄉試第二十一名　會試第一百七十五名

康迪吉

貫山東濟南府章丘縣軍籍　縣學生

治詩經字道甫行一年二十六五月初四日生

曾祖樂　祖鉞大使　父濟民省祭官　前母李氏　母胡氏

具慶下　兄脩吉　弟逢吉　娶甯氏

山東鄉試第五十六名　會試第四十八名

陳準

貫浙江寧波府奉化縣民籍　縣學生

治詩經字豫之行二年三十一十一月二十八日生

曾祖忠素　祖瑗　父縉　母袁氏

慈侍下　兄澤　弟河　娶鄔氏

浙江鄉試第八十六名　會試第二百五十三名

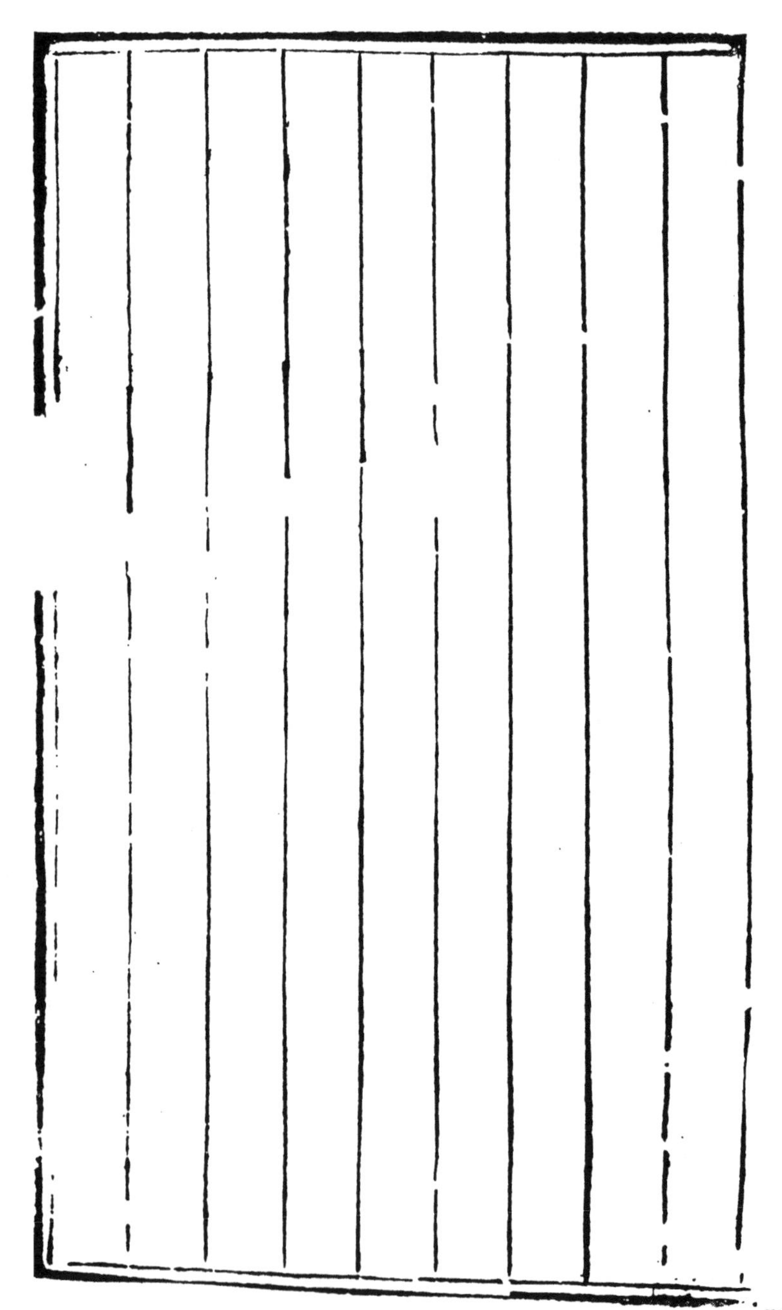

姜良翰 貫浙江金華府金華縣民籍

治詩經字希召行九年三十六 二

曾祖約 吏部文選司主事陞廣東南雄府知府 祖瑛 知縣 父淮 知縣 母嚴氏

具慶下 兄良輔副使 良能 良臣 佐 良璧 良高 良相 良鄉 良惠 弟良安 良參 良謨 良聚 良民

浙江鄉試第一名 會試第二百一十八名

劉鳳 貫直隸蘇州府長洲縣民籍 府學生

治易經字子威行一年二十八六月二十九日生

曾祖鏜 祖相 義官 父梅 推官 前母俞氏 母吳氏

具慶下 娶顧氏

應天府鄉試第廿一名 會試第二十九名

申价

貫直隸廣平府永年縣民籍 府學生

治詩經字懋德行二年二十九十月初二日生

曾祖廣主簿贈員外郎 祖綸按察司副使 父翰州判官 母張氏

具慶下 兄仕 弟偉貢士 儲 備 倬 僑 徹 娶張氏

順天府鄉試第四十二名 會試第二百九十名

陳其學

貫山東登州衛軍籍直隸寶坻縣人 登州府學生

治禮記字宗孟行三年三十三三月二十四日生

曾祖安七品散官 祖善贈禮科給事中 父昂應天府府尹 前母袁氏 母袁氏 繼母姜氏

慈侍下 兄郛 治郛 禮 其奇 其惠貢士 弟其立 其[illegible]

山東鄉試第三名 會試第一百

章獻

貫陝西西安府咸寧縣民籍

治春秋字子欽行二年三十四七月

曾祖贇　祖友文　父體仁 貢士　母劉氏

慈侍下　兄來逢　弟來朝　來旬　來宣　娶王氏

陝西鄉試第五名　會試第二百五十四名

章熙

貫廣東潮州府海陽縣民籍　國子生

治禮記字堯載行二年三十九十月十一日生

曾祖蕃　祖凱　父廷琇　前母姚氏　母朱氏

嚴侍下　兄煥 府同知　弟燁　炳　娶傅氏

廣東鄉試第四名　會試第二百六十五名

馬錫

貫河南開封府尉氏縣軍籍　國子生

治易經字伯厚行三年三十五十二月初五日生

曾祖三　祖通　父文奎　母常氏

具慶下　兄鏜鎰　弟鈿鐩鐠　娶高氏

河南鄉試第四十六名　會試第一百九十一名

張承憲

貫直隸松江府華亭縣民籍　國子生

治詩經字監先行二年三十六三月十二日生

曾祖瑄贈監察御史　祖紳　父應祥　母胡氏

具慶下　兄宇承宗弟宿承祖監生承學承守承孝

應天府鄉試第八名　會試第二名

趙世奎

貫神武右衛右所軍籍直隸江寧縣人　國子生

治詩經字啓文行八年三十九七月二十日生

曾祖旺　祖演贈文林郎雲南道監察御史　父瑛壽官　母張氏　繼母王氏

永感下　兄世瞻　世晉歲貢生　世顯　世煥　世卿　娶姬氏

順天府鄉試第三十二名　會試第一百二十七名

葉材

貫錦衣衛校尉籍直隸常州府武進縣人　國子生

治詩經字達卿行六年四十三正月二十六日生

曾祖榮　祖元亨　父英封知縣　母潘氏贈孺人　繼母朱氏

慈侍下　兄林知縣　彬　松　桓　權　弟相　娶曹氏　繼娶吳氏

應天府鄉試第三十七名　會試第一百六十二名

霍冀

貫山西汾州孝義縣軍籍　縣學生

治詩經字堯封行年二十九正月二十九日生

曾祖深　祖鳳　父文　母郭氏

具慶下　娶張氏

山西鄉試第九名　會試第一百八十六名

任瓚

貫陝西西安府臨潼縣民籍　國子生

治詩經字北玉行五年三十八九月十三日生

曾祖信　祖相　父勳陽　母[illegible]賈氏

慈侍下　兄珮玠環珠珪璣瑤　弟瑱　娶[illegible]

陝西鄉試第三十七名　會試第一百[illegible]十名

文方

貫四川重慶府合州民籍　[illegible]

治易經字子靜行五年二十七三月初七日生

曾祖仲清　祖獻　父誠 知州　母劉氏

慈侍下 兄伯鈞 斗 璧 言 璧 衡 啓　娶王氏　繼娶王氏

四川鄉試第七名　會試第二十二名

張德熹

貫福建福州府福清縣軍竈籍　縣學附學生

治詩經字宗儒行一年二十九九月二十七日生

曾祖鈞　祖浚　父文材　母方氏

具慶下　兄德燁 德煬　弟德[illegible] 德勲　娶鄭氏

福建鄉試第六十四名　會試第二百五名

黃國卿 貫廣東潮州府揭陽縣民籍 國子生
治書經字君任行十五年三十四六月初三日生
曾祖崇 祖三才 父邦傑 母張氏
慈侍下 兄國賓 弟國治 娶張氏
廣東鄉試第六十名 會試第三十一名

尚薰 貫陝西西安府乾州武功縣軍籍 國子生
治書經字德馨行一年四十二四月初十日生
曾祖忠 祖廉 父達巡檢 前母党氏 母賈氏
慈侍下 兄蘭文思院副使 萬雲 弟芬貢士 廷臣 廷錫 廷和 娶[illegible]氏
陝西鄉試第五十五名 會試第[illegible]名

李檀 貫河南衛輝府汲縣民 國子

治禮記字子薦行四年三十八月初四日生

曾祖十三 祖順 父景和 母康氏

永感下 兄梅 橘 楠 娶張氏

河南鄉試第五名 會試第三百十七名

陳絳 貫浙江紹興府上虞縣民籍 國子生

治易經字用陽行十九年三十二五月十五日生

曾祖太滂 祖瑱 父述 母俞氏 繼母吳氏

具慶下 兄繪歲貢生 緒 信同科進士 紹知府 級 緩 弟綰 娶丁氏

浙江鄉試第六十一名 會試第四十三名

蔣貴 貫廣西桂林府全州民籍 國子生
治易經字子素行四年三十十一月初九日生
曾祖鍵 祖基 父曉 母唐氏
慈侍下 兄賢省祭官 員 娶陶氏
廣西鄉試第二十八名 會試第三百三名

王民 貫山東東昌府臨清州民籍 州學生
治詩經字皡如行五年三十四十一月初七日生
曾祖玉 祖和 父琮 母薛氏
慈侍下 娶[illegible]氏
山東鄉試第三十六名 會試第二[illegible]名

朱熙載 貫山東平山衛旗籍直隸欒城縣人 國子生

治易經字懋勲行一年三十一十月初三日生

曾祖宏 誥封奉直大夫戶部員外郎 祖榮 贈太僕寺少卿 父堂 吉壽 母王氏

具慶下 娶陳氏

山東鄉試第四十三名 會試第二百七十四名

徐易 貫江西廣信府永豐縣民籍 府學附學生

治書經字希文行六十八年二十八十二月十八日生

曾祖茂仙 祖紀 父璦 母周氏

嚴侍下 兄昊 晟 娶王氏

江西鄉試第九十六名 會試第一百九十七名

向洪邁

貫浙江寧波府慈谿縣民籍　縣學生

治詩經字景皐行二十一年三十七正月初七日生

曾祖秉直 教諭　祖堂　父金　母裘氏

慈侍下　兄洪儀 洪仕 洪信 弟上　娶陸氏

浙江鄉試第七十四名　會試第五十四名

俞介

貫浙江紹興府餘姚縣匠籍　國子生

治易經字仲和行一年三十八十月十七日生

曾祖固禎 壽官　祖欽　父淵 知縣　母徐氏

慈侍下　弟仝　娶韓氏　繼娶

浙江鄉試第四名　會試第

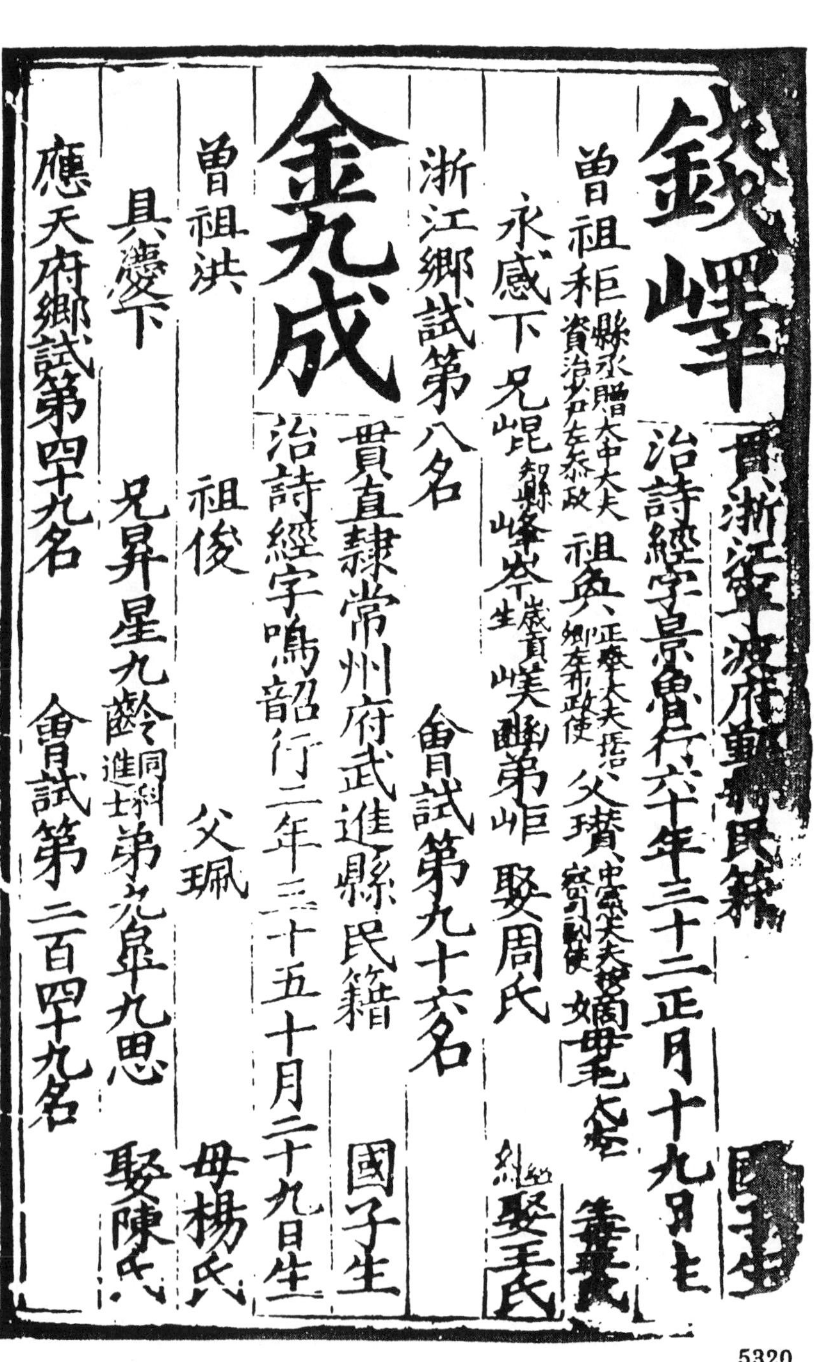

錢嶧　貫浙江寧波府鄞縣民籍　國子生

治詩經字景魯行六年三十二正月十九日生

曾祖柜縣丞贈大中大夫資治尹左參政　祖奐正奉大夫右布政使　父璜中憲大夫按察司副使　嫡母毛氏太安人　龔氏

永感下　兄崐知縣　峯　崟歲貢生　嵄　峩　弟岠　娶周氏　繼娶王氏

浙江鄉試第八名　會試第九十六名

金堯成　貫直隸常州府武進縣民籍　國子生

治詩經字鳴韶行二年三十五十月二十九日生

曾祖洪　祖俊　父珮　母楊氏

具慶下　兄昇　星　九齡同科進士　弟九皋　九思　娶陳氏

應天府鄉試第四十九名　會試第二百四十九名

洪遇

貫山東濟南府歷城縣民籍 府學生

治春秋字伯時行三年三十七九月初四日生

曾祖曇 祖秀義官 父淮義官 嫡母張氏 生母宋氏

嚴侍下 兄進遠 弟遂 娶劉氏 繼娶王氏

山東鄉試第二十名 會試第二百八十四名

任環

貫山西潞安府長治縣匠籍 府學增廣生

治易經字應乾行二年二十六二月十八日生

曾祖增 祖仕能 父翔 嫡母張氏 生母趙氏

具慶下 兄琦醫官 娶[illegible]氏

山西鄉試第六十一名 會試第二[illegible]

趙世祿　貫山西汾州軍籍　州學增廣生
治書經字汝公行一年三十七八月初一日生
曾祖興 主簿　祖博　父廷璧　母劉氏
嚴侍下　弟世臣　娶任氏
山西鄉試第四十一名　會試第二百四十二名

歐陽震　貫四川重慶府巴縣民籍江西泰和縣人國子生
治易經字起叔行二年四十四正月初八日生
曾祖隆　祖仲謙　父淵　前母張氏　母杜氏
永感下　兄復 貢士　娶杭氏
四川鄉試第三十七名　會試第三百七名

閭東

貫四川成都府內江縣民籍　縣學生

治詩經字啓明行一年三十九十二月二十五日生

曾祖澄清　祖宗器　父光　母王氏

慈侍下　弟元亨　仁　永　娶潘氏　繼娶馬氏

四川鄉試第五十四名　會試第三百六名

盧岐嶷

貫福建漳州府長泰縣軍籍　國子生

治書經字希稷行一年三十三月十二日生

曾祖惟貞　祖德集　父道明　母薛氏

嚴侍下　娶戴氏

福建鄉試第八名　會試第三[illegible]七名

廖守勲

貫廣東廣州府番禺縣 [illegible]籍 國子生

治詩經字允懋行一年三十四九月二十八日生

曾祖廣基 祖景華 父絅 母譚氏

具慶下 弟守明 守文 守謨 守敬 娶王氏

廣東鄉試第十四名 會試第四十六名

孫昭

貫浙江温州府永嘉縣民籍 縣學生

治詩經字明德行二年二十七九月十三日生

曾祖怡 祖袍 父滄 前母丁氏陳氏 母陳氏

具慶下 兄耀 弟睟 娶陳氏

浙江鄉試第七十六名 會試第六十七名

王本固 貫直隸順德府邢臺縣軍籍 府學生
治詩經字子民行一年三十一九月初十日生
曾祖信 祖瑛 父釗 前母張氏 母陳氏
慈侍下 娶曹氏 繼娶劉氏
順天府鄉試第三十五名 會試第二百九十八名

倪潤 貫直隸大河衛軍籍蘇州府常熟縣人 國子生
治詩經字伯雨行一年四十四十一月十二日生
曾祖能 祖玉 父和 母楊氏
嚴侍下 弟淵 娶張氏
應天府鄉試第二十九名 會試第二[illegible]五十八名

俞時歆 貫浙江紹興府新昌縣民籍 縣學生

治書經字伯駿行二十三年二十九正月十三日生

曾祖鐸 左布政使[illegible] 祖溥 贈監察御史 父柔 推官 母潘氏

具慶下 弟時[illegible] 時若 娶[illegible]氏

浙江鄉試第七十八名 會試第二百九十九名

丘秉文 貫福建興化府莆田縣軍籍 國子生

治書經字鳴周行三年三十二四月初二日生

曾祖山 按察司副使 祖守淵 義官 父茂 槽 貢士 母陳氏 繼母林氏

具慶下 兄陵 秉和 弟階 陞 隅 秉威 秉奇 秉玄 秉曾 秉哲 陳 娶[illegible]氏

福建鄉試第五十一名 會試第四十四名

王斛 貫湖廣漢陽府漢陽縣民籍 府學生
治詩經字應萬行二年二十十月二十九日生
曾祖繼宗 祖清 父教衛經歷 母吳氏 繼母陶氏
具慶下 兄角 弟觶 觪 觥 觽 娶朱氏
湖廣鄉試第二十六名 會試第一百八十二名

繆宣 貫直隸蘇州府常熟縣民籍吳縣人 國子生
治詩經字時化行四年四十一六月 日生
曾祖士實 祖杲壽官 父京 母陳氏
永感下 兄寅 宸 室 弟察 寵 守 完 娶李氏
應天府鄉試第七十六名 會試第一百三十二名

王光祖

貫直隸大名府魏縣民籍[illegible]縣人[illegible]學生

治易經字子孝行一年二十七二月初七日生

曾祖玘　祖文　父煩　母申氏

具慶下　弟光考　娶[illegible]氏

順天府鄉試第十四名　會試第一百十七名

宋國華

貫江西南昌府奉新縣民籍　國子生

治詩經字崇樂行五年三十四四月初四日生

曾祖迪吉　祖嶽　父慶貢士　母徐氏

永感下　弟國英　娶黃氏

江西鄉試第二十六名　會試第九十九名

胡汝安　貫陝西西安府三原縣民籍　國子生

治易經字恭甫行二年三十五十一月二十七日生

曾祖善　祖蕃　父孝昭　母李氏　繼母袁氏袁氏

具慶下　兄汝寧　弟汝寬　汝宏　娶王氏

陝西鄉試第二十一名　會試第二百二十九名

劉時進　貫河南開封府中牟縣民籍　縣學生

治易經字子亨行一年三十三五月[illegible]生

曾祖參　祖環　父朝陽　母胡氏

具慶下　娶郭氏

河南鄉試第三十四名　會試第二[illegible]五十七名

胡景榮 貫直隸揚州府江都[illegible]籍[illegible]生

治禮記字子仁行一年四十四七月二十六日生

曾祖志大 祖海 父寧 [illegible]氏

慈侍下 弟景華 景富 景[illegible] [illegible]氏

順天府鄉試第十四名 會試第七十九名

張才 貫陝西西安後衛官籍直隸江都縣人西安府學生

治易經字茂參行一年三十九三月初八日生

曾祖平 指揮僉事贈昭勇將軍都指揮僉事 祖文 指揮僉事贈昭勇將軍都指揮僉事 父鵬 昭勇將軍陝西都司都指揮僉事 嫡母胡氏 封恭人贈淑人 繼母閻氏 母[illegible]

慈侍下 娶楊氏 繼娶韓氏

陝西鄉試第十六名 會試第一百二十八名

張承敘

貫順天府固安縣民籍 國子生

治書經字懷德行二年三十二十二月十三日生

曾祖禎縣丞 祖鐸 父材大使 前母高氏 母侯氏

永感下 兄承恩 弟承祚 娶辛氏

順天府鄉試第二十三名 會試第七十六名

劉祿

貫山東濟南府章丘縣軍籍 [illegible]子生

治詩經字惟學行一年三十六九月[illegible]

曾祖雄 祖欒 父宗良 母[illegible]氏

永感下 兄福 弟祉 祚 娶郭氏

山東鄉試第七十五名 會試第一[illegible]十三名

張志學 貫四川重慶府長壽縣民 國子

治詩經字叔行行一年四十三正月初八日生

曾祖和 祖藩 父鈺 嫡母方氏 生母[illegible]氏

永感下 [illegible]氏

四川鄉試第二十九名 會試第一百三十名

郭維藩 貫廣東潮州府揭陽縣民籍 國子生

治詩經字价夫行二年四十三二月初五日生

曾祖宏毅 祖駿 父淳 前母陳氏 母杜氏

慈侍下 兄世臣 弟維翰 娶楊氏

廣東鄉試第十七名 會試第二二十六名

王楠

貫直隸德州左衛軍籍山東文登縣人國子生

治易經字子梁行二年四十十二月二十七日生

曾祖福榮　祖聚壽官　父崇　母李氏

永感下　兄松　娶熊氏

山東鄉試第四名　會試第二百十九名

王鳴臣

貫江西吉安府泰和縣民籍　縣學附學生

治詩經字汝文行三年三十一六月[illegible]日生

曾祖大溪壽官　祖學漁　父國賜　母[illegible]氏

具慶下　兄舉臣彥臣　弟哲臣禮臣元臣　娶蕭氏

江西鄉試第六十九名　會試第一[illegible]

戚慎

貫直隸眞定府藁城縣民籍 國子生

治易經字汝初行四年三十五十月初四日生

曾祖榮 祖琏 父亨 母胡氏

具慶下 兄悅 懌 衍 弟恬 惺 悌 忭 愉 快 娶丁氏

應天府鄉試第一百十二名 會試第一百五十九名

蔡朴

貫直隸河間府滄州竈籍 州學生

治易經字子初行一年三十十二月初三日生

曾祖祥知州 祖英 父汶 母顧氏

具慶下 兄恭 弟栻 娶王氏

順天府鄉試第一百十五名 會試第一百二十三名

陳大賓 貫湖廣荊州府江陵縣匠籍 府學生

治易經字敬夫行一年二十九六月初三日生

曾祖溥 祖伯泰 父琳 母趙氏 繼母阜氏

重慶下 娶文氏 繼娶趙氏

湖廣鄉試第六十二名 會試第二百四十七名

趙錦 貫浙江紹興府餘姚縣竈籍 縣學生

治易經字元朴行五十一年二十 月初十日生

曾祖玫 祖昺 贈刑部貴州司主事 父塤 府同知 母諸氏 贈安人 繼母[illegible]氏 封安人

具慶下 兄世英 醫官 錤 鎜 鏵 弟鎔 鎮 鍊 金 娶君氏

浙江鄉試第七十九名 會試第一百四十九名

朱繪 貫山西平定州守禦千戶所官籍 [illegible]學生

治書經字白甫行八年二十四七月二十九日生

曾祖璽 祖鳳贈文林郎推官 父方右僉都御史 母董氏封孺人

具慶下 兄紀 紳 紡 綬 綵 紋[illegible] 約 娶屈氏

山西鄉試第八名 會試第一百二十一名

吉澄 貫直隸大名府開州匠籍 國子生

治書經字靜甫行二年三十八六月十三日生

曾祖宣 祖倫 父陳長史 母劉氏

具慶下 兄薦 弟蔚 慎 芳 滇 沾 汾 洽 沖 湛 娶張氏繼娶李氏

順天府鄉試第八十五名 會試第一百七十八名

嚴天祥

貫陝西西安府同州朝邑縣軍籍 國子生

治易經字叔善行一年三十一十二月十六日生

曾祖恪 祖鳳 父[illegible] 母李氏

具慶下 弟天祐 天祺 娶曹氏

陝西鄉試第六名 會試第二百五十二名

張鑑

貫四川順慶府南充縣民籍 國子生

治易經字汝明行四年三十七[illegible]

曾祖[illegible] 祖[illegible] 父珍 前母[illegible]氏 母[illegible]氏

永感下 兄銓 錬 鐸 壐 銀 弟鋐 娶王氏 繼娶[illegible]氏

四川鄉試第十四名 會試第一百[illegible]名

劉應賓　貫四川重慶府巴縣民籍　縣學生

治詩經字雄南行一年三十十月二十二日生

曾祖仲英　祖伯全　父翀　母湯氏

具慶下　弟應華　應奎　娶曾氏

四川鄉試第七十名　會試第二百五十五名

甘觀　貫南京府軍右衛官籍直隸太平縣人　國子生

治易經字貞父行三年四十一九月十七日生

曾祖俊贈明威將軍　祖敬指揮僉事贈昭勇將軍　父淦　母李氏　繼母張氏

永感下　兄雨署都指揮僉事　露　弟雯　娶曾氏　繼娶孫氏

應天府鄉試第一百一名　會試第二百六十三名

高光

貫四川嘉定州峨眉縣軍籍　縣學生

治書經字子謙行五年三十三九月二十四日生

曾祖裕　祖倫　父世賢（監生例授七品散官）　母徐氏　繼母君氏

具慶下　兄輔　珊　傑　尚　弟常　娶何氏

四川鄉試第三十四名　會試第二百六十九名

申思夔

貫直隸蘇州府吳江縣民籍　國子生

治詩經字汝一行二年二十八二月二十六日生

曾祖俊（七品散官）　祖顯（州判官）　父意（監生）　前母陳氏　母任氏

重慶下　兄思伊　弟思皋（監生）　思稷　思契　思能　娶[illegible]氏

應天府鄉試第七十八名　會試第一百六名

汪克用 貫江西廣信府永豐縣

治書經字子才行一十九年二十八

曾祖貴同知 祖炳州判 父臺

重慶下 兄克良 弟克讓 克忠 克俊 娶李氏

江西鄉試第五十名 會試第二百六十六名

兪乾 貫浙江嘉興府平湖縣民籍 國子生

治書經字一清行一年三十六七月十一日生

曾祖瑛 祖禎 父鍌 母潘氏

慈侍下 娶馬氏 繼娶張氏

浙江鄉試第二十九名 會試第九十三名

萬寀　貫江西南昌府豐城縣軍籍　縣學增廣生

治春秋字一和行五年二十八十月十九日生

曾祖容舒　祖敬方　父洪　母黃氏

慈侍下　兄冲　逵省祭官　化　遂省祭　遠　娶熊氏

江西鄉試第五十四名　會試第三百四名

王學　貫廣西桂林府陽朔縣民籍　國子生

治詩經字師古行三年三十一四月初六日生

曾祖素壽　祖佐　父珵通判　母蘇氏

具慶下　兄勤學　好學　弟實學　聞學

廣西鄉試第三十九名　會試第

張鍊 貫陝西西安府[illegible]州武功縣[illegible]

治詩經字伯純行十年三十五七[illegible]

曾祖海 祖讓 父儒珍 教授

慈侍下 兄應中 應祥 鑄 應祺 應福 鎬 應知 多 [illegible] 娶[illegible]氏

陝西鄉試第四十六名 會試第二百八十七名

張侃 貫直隸大河衛軍籍蘇州府崑山縣人 國子生

治禮記字巽卿行一年三十六閏九月十九日生

曾祖清 祖經 義官 父善 義官 嫡母金氏 生母唐氏

慈侍下 兄賢 相 偉 弟信 表 袞 監生 襄 監生 龔 娶謝氏 繼娶沈氏

應天府鄉試第四十一名 會試第二百五十八名

何海晏 貫山東兗州府東平州平陰縣軍籍 縣學生

治書經字治象行一年二十四十一月十六日生

曾祖泰 祖澍 父琦 嫡母周氏 生母司氏

慈侍下 娶姜氏

山東鄉試第二十四名 會試第二百八十六名

葛桷 貫浙江紹興府上虞縣民籍 國子生

治易經字安甫行一年三十七七月二十三日生

曾祖文玉贈通議大夫大理寺卿 祖用成 父滂

具慶下 兄梅 模義官 木參政 相 弟檣 槩 棐監生

浙江鄉試第六十九名 會試第一百

錢仕　貫湖廣荊州府江陵縣民籍
治易經字忠甫行一年三十六
曾祖訊　祖寧　父福禎　母胡氏　莊氏
具慶下　弟佑像仁儒信儀佃俊　娶閻氏
湖廣鄉試第十四名　會試第二百六十八名

薛樟　貫山東濟南府歷城縣匠籍　縣學生
治詩經字子喬行三年三十二八月初三日生
曾祖友德　祖盛　父虎　母賈氏
具慶下　兄梅歲貢生　楠　娶張氏　繼娶張氏
山東鄉試第十二名　會試第二百九十八名

谷中虛　貫山東濟南府海豐縣民籍　縣學生

治易經字子聲　行一　年二十六　月初二日生

曾祖文友　祖強　父通　前母傅氏　劉氏　[illegible]氏

具慶下　兄鉞　弟中舍　娶楊氏

山東鄉試第十六名　會試第七十二名

凌汝志　貫直隸蘇州府太倉州民籍　府學生

治詩經字雲鶴　行一　年三十二　十二月初五日生

曾祖馥　祖縞　父昆　母[illegible]氏

具慶下　弟汝學　雲翼　貢士

應天府鄉試第四十一名　會試第二[illegible]

陳甘雨 貫福建興化府莆田縣民籍

治詩經字應時行五年二十九[illegible]

曾祖宗雍七品散官 祖世顯典史 父泉 前母林氏 [illegible]氏

慈侍下 兄甘露 弟甘霖 甘孫 娶黃氏

福建鄉試第二十九名 會試第二十八名

席上珍 貫四川潼川州遂寧縣民籍 國子生

治春秋字聘之行一年三十五十一月二十三日生

曾祖[illegible] 祖[illegible] 父中同知 母楊氏[illegible] 繼母楊氏[illegible]

具慶下 弟上賢 上賓 上儒 上卿 上士 上壽 上[illegible] 弟上精 上璧 上吉 上應 娶趙氏

四川鄉試第十九名 會試第二百七十三名

李九功 貫河南南陽府裕州軍籍 州學生

治易經字惟敘行二年三十四五月二十一日生

曾祖海 祖貴 父裕 母周氏 繼母王氏

具慶下 兄九思 弟九敍 九成 九皋 九德 娶楊氏

河南鄉試第二十七名 會試第二百六十六名

王宗性 貫山東兗州府沂州軍籍 州學生

治書經字繼善行九年二十七九月初九日生

曾祖綱（封資政大夫都察院右都御史） 祖昱（累贈資政大夫太子太保都察院[illegible]） 祖玨（[illegible]） 父壽（監生） 嫡母吳氏 生母郭氏

慈侍下 兄宗賢（吏員） 宗哲（故） 宗堯（故） 宗明（故） 宗顏 宗禹（俱[illegible]） 宗[illegible] 宗敏 宗遜 娶蔣氏

山東鄉試第二十一名 會試第二百六十二名

趙孔昭 貫直隸順德府邢臺縣民籍 州學生

治易經字子潛行三年二十五五月初七日生

曾祖英 祖傚 父用 母張氏

具慶下 兄孔陽監生 孔儀訓導 弟孔嘉 娶郝氏

順天府鄉試第十二名 會試第一百五十三名

栗永祿 貫山西潞安府長治縣民籍 府學生

治禮記字子壽行二年二十七八月二十二日生

曾祖銘進士 祖淳典膳 父木典膳 母陳氏旌表節婦

重慶下 兄永爵主事 娶李氏

山西鄉試第一名 會試第二百八十名

孫坊

貫錦衣衛籍浙江餘姚縣人　國子生

治易經字志國行六年二十九五月二十三日生

曾祖孟宏贈禮部尚書　祖彬教諭　父煉　母鄭氏

具慶下　兄達[illegible]　佳[illegible]　弟[illegible]　娶夏氏繼娶[illegible]

順天府鄉試第三十四名　會試第五十五名

朱日藩

貫直隸揚州府高郵州寶應縣軍籍　國子生

治書經字子价行一年四十四六月十八日生

曾祖璀　祖訥知縣封戶部主事贈三品服　父應登布政司參政　母陶氏[illegible]

慈侍下　弟日燮　日莊監生　日蕙　娶郝氏

應天府鄉試第三十六名　會試第[illegible]名

俞謹　貫直隸常州府無錫縣民籍　國子生

治書經字懋庸行三年四十一七月二十二日生

曾祖允恭　祖純　父顯　母丁氏

永感下　兄武　文　弟斌　娶陳氏

應天府鄉試第九十六名　會試第二百八十九名

李廷春　貫四川重慶府江津縣軍籍　國子生

治詩經字元甫行四年四十二十月十九日生

曾祖璇　祖志昂　父森　前母胡氏　母劉氏　繼母劉氏

永感下　娶黃氏

四川鄉試第六名　會試第三百十二名

陳昌言

貫廣東潮州府揭陽縣民籍　國子生

治易經字德夫行三年四十九三月二十七日生

曾祖孟容　祖進寶　父廉　母石氏

永感下　兄昌代　娶紀氏

廣東鄉試第七十二名　會試第二百八十二名

楊選

貫山東濟南府章丘縣軍籍　縣學生

治書經字以公行三年三十十二月二十日生

曾祖鳴　祖璞壽官　父盈知縣　母時氏

重慶下　兄進　道　弟遜　連　娶趙氏

山東鄉試第四十一名　會試第二百五十四名

蕭一鶚　貫江西臨江府新淦縣民籍　國子生
治易經字爾薦行五年三十二五月二十八日生
曾祖元商贈衛經歷　祖庸儀　父立德　母章氏
重慶下　弟鳴鳳一凰一鳶一鸞　娶周氏繼娶張氏
江西鄉試第六十一名　會試第二百三十六名

王鶴　貫陝西西安府長安縣民籍　國子生
治詩經字子臯行一年三十一十二月二十六日生
曾祖琰　祖敞　父鑾　母趙氏
具慶下　娶周氏
陝西鄉試第七名　會試第八十八名

王順德　貫四川瀘州民籍　國子生
治書經字叔昌行二年四十四五月十一日生
曾祖瑄　祖臣　父大才　母華氏　繼母李氏
慈侍下　兄順賢　娶楊氏
四川鄉試第六十二名　會試第二百六十七名

黃希周　貫山東兖州府滕縣軍籍　國子生
治書經字宗魯行一年四十十一月初八日生
曾祖鑾　祖玘壽官　父金承運庫大使　母董氏　繼母門氏　孫氏
永感下　弟希顏　希孟　希曾　希閔　娶劉氏
山東鄉試第六十名　會試第二百九名

馮應麟 貫陝西鳳翔府鳳翔縣民籍 國子生

治詩經字德及行二年三十五八月十二日生

曾祖[illegible] 祖綬貢士 父晟 前母樊氏 母董氏

嚴侍下 兄應麒 娶王氏

陝西鄉試第十二名 會試第三百八名

李淳 貫四川嘉定州夾江縣竈籍 國子生

治易經字彥穆行一年四十五八月初八日生

曾祖廷佐 祖璽 父觀教授 母鄭氏

嚴侍下 娶姜氏 繼娶王氏

四川鄉試第二十一名 會試第一百七十五名

申旞　貫直隸大名府魏縣民籍山西潞城縣人　縣學生
治詩經字儀卿行一年三十五二月二十七日生
曾祖鑄壽　祖清璣　父乾　母王氏
嚴侍下　娶李氏
順天府鄉試第七名　會試第五十九名

江珍　貫直隸徽州府歙縣軍籍　國子生
治詩經字民璞行十年三十七正月三十日生
曾祖永楨　祖文瀚　父才　母鄭氏　繼母張氏
具慶下　兄琇　珮　瓘　弟瑄　璐　娶吳氏
應天府鄉試第三十二名　會試第二百二十六名

張嵐 貫山東濟南府歷城縣民籍 縣學生

治春秋字雲山行年三十九十月初一日生

曾祖榮 祖顯惠 父儒 嫡母彭氏 生母龐氏

慈侍下 娶曹氏

山東鄉試第六十七名 會試第二百九十一名

石鯨 貫山東青州府益都縣民籍 府學生

治詩經字應聲行八年二十八五月二十七日生

曾祖英吏目 祖銘府通判贈奉直大夫南京戶部員外郎 父存曲靖知府進階中憲大夫 嫡母姜氏贈恭人 劉氏 生母龔氏

慈侍下 兄麒 麟監生 璞 鳳貢士 琚貢士 瑜 璜 弟渠 棟 娶李氏

山東鄉試第七名 會試第二十名

馬快 貫直隸廣平府廣平縣民籍 縣學生

治詩經字汝勵行二年二十九正月二十五日生

曾祖祥 祖宏 父政 母李氏

永感下 兄偵 娶鄭氏

順天府鄉試第六名 會試第一百四十二名

張廷栢 貫山西平陽府蒲州軍籍 州學生

治書經字壽卿行三年四十九月二十日生

曾祖威 祖鑾 父馴 母公氏

具慶下 兄廷木 廷松 弟廷梓 娶裴氏 繼娶秦氏

山西鄉試第十六名 會試第一百三十四名

張邦彥 貫福建福州府懷安縣民籍 [illegible]

治易經字允楨行五年二十八正月十八日生

曾祖華 祖銘按察司司獄 父文漢 母林氏

重慶下 娶林氏

福建鄉試第四十一名 會試第三百十四名

姜廷頤 貫湖廣岳州府巴陵縣軍籍 府學生

治詩經字以正行一年三十八五月二十五日生

曾祖淳 祖永雋[illegible] 父鎰 母陳氏

重慶下 弟廷贊 廷顯 廷賴 廷顧 廷瑱 娶謝氏

湖廣鄉試第五十九名 會試第一百五十七名

李汝蘭　貫陝西西安府咸寧縣匠籍　府學生
治易經字秀夫行二年三十九月二十六日生
曾祖約　祖梅　父遇春　母王氏　繼母馮氏
具慶下　兄汝芝　弟汝惠　汝萱　娶白氏
陝西鄉試第二十五名　會試第八十四名

烏從善　貫山東東昌府博平縣民籍　國子生
治詩經字汝登行二年三十八月二十六日生
曾祖士賢　祖山　父釗明智坊大使　母侯氏
重慶下　兄為善　弟繼善　娶楊氏
山東鄉試第二十名　會試第一百二十九名

金光齡 貫直隸常州府武進縣民籍 國子生

治詩經字與壽行一年三十六十二月十二日生

曾祖洪 祖俊 父璟 母萬氏

慈侍下 兄昇 星 弟九成 九疇同科進士 九皐 九思 娶陳氏

應天府鄉試第四十名 會試第一百三十六名

郭公週 貫福建福寧州福安縣民籍 縣學生

治詩經字景復行六年三十三四月初八日生

曾祖克茂 祖惟臧 父允寧 母李氏

慈侍下 兄景調 景鳴 弟景麟 景斐 賓 娶李氏 繼娶薛氏

福建鄉試第四十三名 會試第一百八名

朱有孚

貫浙江杭州府海寧縣民籍　國子生

治易經字子貞行一年四十五月初四日生

曾祖芳　祖廣　父稷　母沈氏

具慶下　弟有恒有節有相有光　娶姜氏

浙江鄉試第七十三名　會試第五十五名

馬汝松

貫直隷河間府景州東光縣民籍山西靈丘縣人　縣學生

治書經字節甫行一年二十九八月二十三日生

曾祖進　祖杲　父尭輔縣丞　母楊氏

重慶下　汝梅　汝桂　汝桐　汝楸　娶曲氏

順天府鄉試第十七名　會試第一百[illegible]名

劉體乾　貫直隸順天府東安縣民籍

治禮記字子元行四年三十三十月二十三日

曾祖原　祖旺　父景教諭　嫡母馬氏　萬氏　生母高氏

慈侍下　兄榮　九思省祭官　九經陰陽官　娶張氏

順天府鄉試第五名　會試第四十名

李萬實　貫江西建昌府南豐縣民籍　國子生

治春秋字少虛行一年三十五正月初七日生

曾祖廷予衛經歷　祖淡縣丞　父柱　母黃氏　繼母揭氏

重慶下　娶黃氏

江西鄉試第十二名　會試第一百二十一名

賀承光 貫陝西西安府華州渭南縣軍籍 縣附學生

治詩經字子謙行一年二十七四月二十九日生

曾祖儒 祖倉 封兵部主事 父府 兵部主事 母王氏 封安人

具慶下 娶高氏

陝西鄉試第九名 會試第二百七十七名

沈束 貫浙江紹興府會稽縣民籍 府學生

治易經字宗安行十九年三十一四月十八日生

曾祖恪 祖琨 父蓋 知州 母張氏 繼母王氏

具慶下 兄橋 刑部主事 木 東 柬 弟 竦 乘 棠 娶張氏

浙江鄉試第一名 會試第一百[illegible]十六名

蘇志仁 貫廣東潮州府海陽縣[illegible]
治詩經字道先行二年二十九[illegible]月[illegible]九[illegible]
曾祖經 祖沂 父思繹 前母鄭氏 [illegible]
具慶下 兄志學 弟志古 志許 [illegible]
廣東鄉試第十八名 會試第七十八名

劉自強 貫河南開封府扶溝縣民籍 國子生
治詩經字體乾行二年三十七十二月初三日生
曾祖憲 義官 祖岫 知縣 父東 監生 母范氏
永感下 兄自脩 歲貢生 弟自得 自任 自秀 自存 自勵 娶李氏
河南鄉試第六十七名 會試第一百七十九名

吳祖

貫山東登州衛軍籍直隸泰州人　國子生

治詩經字伯明行一年四十五二月二十七日生

曾祖顯　祖禎　父河　母倪氏

慈侍下　弟章　娶丁氏

山東鄉試第五十六名　會試第三百十名

林懋舉

貫福建福州府懷安縣民籍閩縣人　國子生

治易經字直卿行三年三十五五月初九日生

曾祖瀛　祖藝　父炅　母鄧氏

永感下　弟懋恩懋樸懋賢懋材懋脩懋功懋章　娶黃氏

福建鄉試第三十七名　會試第九十六名

張禩 貫河南開封府祥符縣民籍 廩膳生

治書經字介福行二年三十四十二月十五日生

曾祖本 祖亮 父明德 母[illegible]氏

慈侍下 兄祺 弟祉 娶王氏

河南鄉試第四十九名 會試第二百三十名

任希祖 貫四川保寧府蒼溪縣民籍 府學生

治詩經字元芳行一年三十四四月二十五日生

曾祖彬 紃 祖讀 父仲仁 前母李氏 母王氏

具慶下 弟繼祖 繩祖 賁祖 士祖 纘祖 率祖 法祖 娶何氏

四川鄉試第三十五名 會試第二百三名

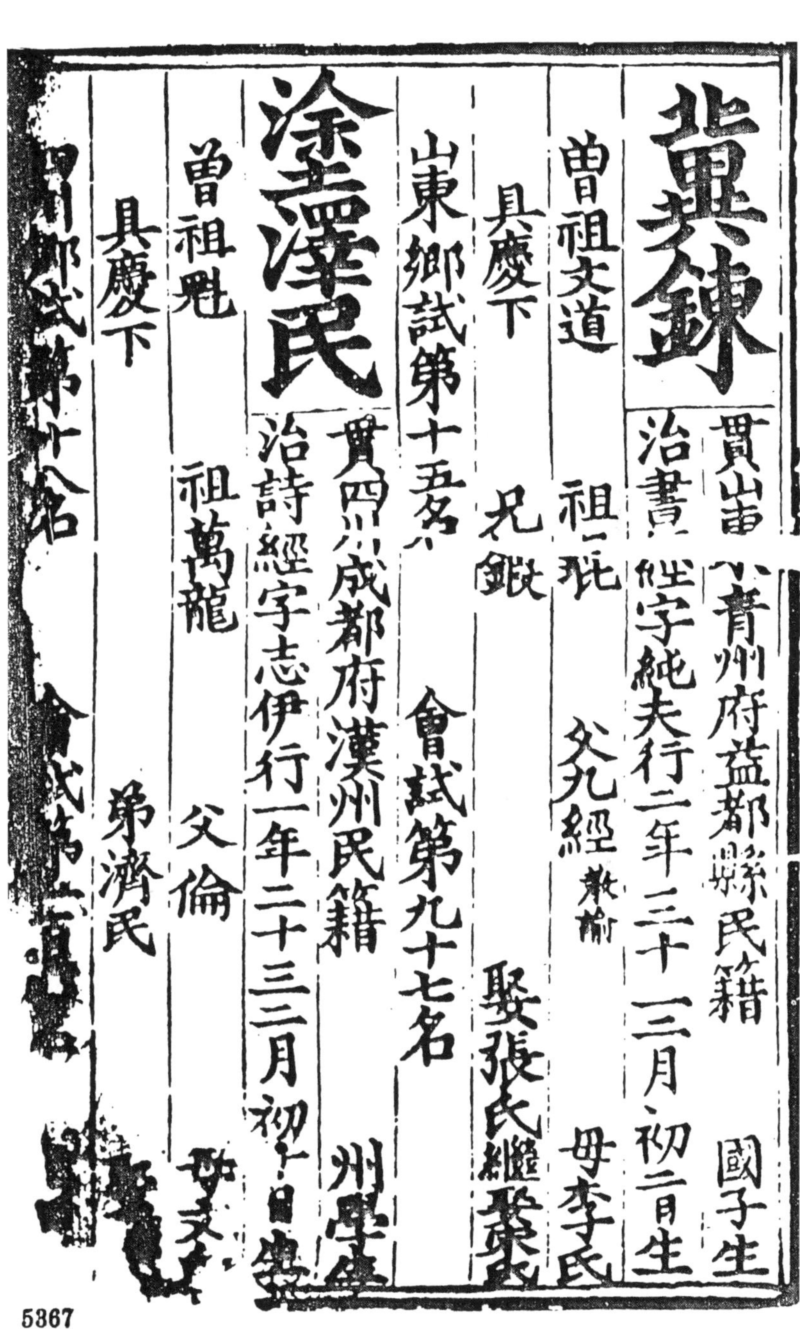

冀夫鍊　貫山東青州府益都縣民籍　國子生
治書經字純夫行二年三十一三月初二日生
曾祖文道　祖玭　父九經教諭　母李氏
具慶下　兄鋮　娶張氏繼娶[illegible]
山東鄉試第十五名　會試第九十七名

涂澤民　貫四川成都府漢州民籍　州學生
治詩經字志伊行一年二十三三月初十日生
曾祖魁　祖萬龍　父倫　母文[illegible]
具慶下　弟濟民
四川鄉試第十八名　會試第二百[illegible]名

段鐘 貫[illegible]順天府[illegible] [illegible]

治詩經字文貴行二年三十[illegible]正月初十日生

曾祖紀 祖補之知縣 父貢驛丞 母商氏[illegible] 繼母譚氏

重慶下 兄錦 弟鉞 鏄工部主事 錞 鎧 鋭 娶蔡氏

順天府鄉試第九十名 會試第二百三十一名

李文麟 貫直隸常州府無錫縣軍籍 國子生

治書經字應禎行三年三十四七月十二日生

曾祖泰壽官贈刑部員外郎 祖珵工部郎中進階朝列大夫 父雍 母過氏

具慶下 兄文聲 文鳳 文著 文衛 文龍 弟文鵬 娶王氏

應天府鄉試第五十六名 會試第五十六名

胡惟中

貫江西瑞州府高安縣民籍　國子生

治易經字可久行三年三十四二月十六日生

曾祖瑞 封給事中　祖鎮 浙江布政司參議　父嵩 授例冠帶　母傅氏

重慶下兄惟寧惟靜弟惟立 貢士 惟直惟哲　娶單氏

江西鄉試第四十八名　會試第七十四名

吳嶽

貫直隸常州府武進縣民籍無錫縣人　國子生

治易經字宗泰行二年三十五二月二十八日生

曾祖清　祖元 義官　父大經 引禮舍人　母陸氏

慈侍下兄嵩 監生 弟蕎 監生 巖 吏目 嵚崟崖岑　娶[illegible]氏

應天府鄉試第九十四名　會試第[illegible]百[illegible]十[illegible]名

詩[illegible]

治詩經字獻忠行三年三十[illegible]月十九[illegible]

曾祖潛　祖鍔　父愷　前母沈氏　母[illegible]

慈侍下　兄謐　諡　弟訦　廬　燮

浙江鄉試第七十七名　會試第一百十四名

貫直隸蘇州府常熟縣民籍　國子生

朱木

治禮記字子喬行二年四十一正月二十六日生

曾祖璧　祖丙　父寅工部主事　母鄒氏　繼母湯氏

慈侍下　兄棟省祭官　弟本　娶鄒氏繼娶盧氏李氏

順天府鄉試第六十二名　會試第九十五名

劉檟

貫浙江紹興府山陰縣軍籍　國子生

治春秋字允美行三十六年三十三三月初四日生

曾祖玘　祖鑑　父濯　前母畢氏　母胡氏

具慶下　兄棟南京兵部侍郎　本教諭　棐貢士　校　栗　梧　弟楨　娶姚氏

浙江鄉試第四名　會試第二百五名

郝鳴陰

貫順天府通州寶坻縣民籍　縣學生

治書經字子和行一年三十二四月十二日生

曾祖倫　祖欽壽官　父瑜歲貢生　母孟氏　繼母郁氏

重慶下　兄良棟　良佑　鳴遠　弟鳴亮　娶田氏

順天府鄉試第八十二名　會試第[illegible]名

邵漳 貫浙江紹興府餘姚縣民籍
治禮記字子清行二年三十二月二十二日生
曾祖驌封監察御史 祖蕃提學副使 父時順[illegible] 母[illegible]氏[illegible]
重慶下 兄稷同科進士 濰 弟潢 淄 澐 瀶 洲 娶[illegible]氏
浙江鄉試第四名 會試第二百七名

楊廷相 貫雲南臨安衛軍籍直隸金壇縣人 國子生
治易經字燮甫行二年三十二六月初四日生
曾祖昇 祖倫 父均教授 母袁氏
具慶下 兄廷芳 廷春 環 璜 士 廷辟 廷珍 娶劉氏
雲南鄉試第六名 會試第二百六十一名

邊洵

貫直隸河間府任丘縣官籍　國子生

治書經字文允行四年三十四三月初七日生

曾祖銓百戶　祖宏百戶　父偉運使　母劉氏[illegible]

永感下　兄湜百戶　清浦　弟沆解　娶閔氏繼娶宋氏

順天府鄉試第九十名　會試第一百八十一名

徐洛

貫河南開封府許州軍籍　州學生

治詩經字子京行二年三十四八月二十日生

曾祖學壽官　祖富[illegible]　父紱醫官　母[illegible]氏

嚴侍下　兄湯　弟汴　娶[illegible]

河南鄉試第五十九名　會試第二[illegible]

姚一元　貫浙江湖州府長興縣軍籍　學生

治詩經字惟貞行二年三十六五月初十日生

曾祖正　祖獄[illegible]　父良輔[illegible]　母[illegible]氏

慈侍下　兄一夔　弟一賜　一鳴　一清　一瀾　娶[illegible]氏

浙江鄉試第十二名　會試第二百二十一名

鄭河　貫應天府江寧縣民籍江西新建縣人　國子生

治易經字師程行二年三十四九月二十八日生

曾祖思恭　祖禮知府　父璣封監察御史　嫡母歐陽氏封孺人　母李氏

慈侍下　兄濂按察司副使　弟渠　娶丁氏　繼娶丁氏

應天府鄉試第五十九名　會試第一百十名

汪一中 貫直隸徽州府歙縣匠籍 國子生

治禮記字正叔行二年三十六月三十日生

曾祖隆勝 祖福琛 父文顯 母方氏

具慶下 兄一貫 弟一誠監 娶程氏

順天府鄉試第十六名 會試第十七名

許彥忠 貫應天府句容縣民籍 國子生

治易經字汝敬行三年三十九九月二十一日生

曾祖志海 祖鎮 父宗倫 母宋氏

慈侍下 兄彥文 彥武 弟彥彬 彥舜 彥禹 彥學 彥恩 彥懋 彥博 娶[illegible]

應天府鄉試第八十四名 會試第[illegible]十[illegible]名

孫慎

貫大寧都司保定右衛官籍河間府[illegible]人 [illegible]生

治詩經字用脩行一年三十九月十八日生

曾祖鎮 祖濂百戶 父經百戶 母賈氏

重慶下 娶劉氏

順天府鄉試第二十八名 會試第二百八名

徐綱

貫湖廣武昌府興國州軍籍 國子生

治易經字立之行一年三十四四月二十七日生

曾祖均憲 祖必華 父興漢 前母李氏 母黃氏

慈侍下 娶戚氏

湖廣鄉試第二十二名 會試第六十六名

陳信 貫浙江紹興府上虞縣匠籍 縣學生

治詩經字子行行二年四十十一月十二日生

曾祖敬夫 祖汝勉貢士 父大練 母朱氏

具慶下 兄佐知縣 弟任 伋 傳 縫同科進士 娶龔氏

浙江鄉試第三十七名 會試第十五名

牛珠 貫河南開封府通許縣匠籍 國子生

治易經字光甫行五年四十三三月二十日生

曾祖春 祖增 父泉 母李氏 繼母[illegible]氏

慈侍下 弟璜 娶[illegible]氏

河南鄉試第三十五名 會試第[illegible]名

林應奎

貫福建漳州府龍溪縣軍籍[illegible]

治易經字德暉行二年三十十月初二日生

曾祖啓昭　祖體用　父泰　母傅氏

具慶下　兄應元　弟應碑　娶吳氏　繼娶張氏

福建鄉試第五十三名　會試第一百四十六名

王之誥

貫湖廣荊州府石首縣軍籍　縣學生

治書經字告若行十二年三十三十一月初八日生

曾祖俸 七品散官　祖伯載　父芳 同知　母曾氏

慈侍下　兄之誠　弟之度　之紀　之綱　之惠　娶劉氏

湖廣鄉試第七十六名　會試第二百九十四名

石茂華　貫山東青州府益都縣民籍　府學生

治詩經字君采行一年二十三七月初九日生

曾祖銘府通判贈奉直大夫南京戶部員外郎　祖存禮知府贈中憲大夫　父麒　嫡母姜氏　生母張氏

具慶下　弟茂藻　茂貞　娶茂氏

山東鄉試第二十九名　會試第二百十六名

宋賢　貫直隸松江府華亭縣竈籍　國子生

治春秋字及甫行一年三十九六月初八日生

曾祖錯　祖玉　父蕙　母吳氏

重慶下　弟塾　使　卿　相　娶金氏

應天府鄉試第二十二名

趙宸　貫直隸保定府定興縣[illegible]籍

治書經字德聰行二年三十九正月初三日生

曾祖剛　祖讓　父自　母張氏

慈侍下　兄寅　弟宇　宦　娶馬氏

順天府鄉試第一百二十二名　會試第四十九名

高鏞　貫四川成都府內江縣民籍　國子生

治書經字景南行二年三十三九月初九日生

曾祖友恭 知縣贈通議大夫戶部右侍郎　祖齊南 府通判累贈通議大夫戶部右侍郎　父公韶 通議大夫戶部右侍郎　前母周氏 封淑人　母羅氏 封淑人

具慶下　兄[illegible]　弟[illegible]　娶[illegible]氏

四川鄉試第四十九名　會試第二百十七名

金濂 貫浙江金華府東陽縣民籍 縣學生
治詩經字汝東行十三年三十三十月初七日生
曾祖宗遜 祖邦 父琏 母許氏
重慶下 弟溥 淵 河 娶宣氏 繼娶許氏
浙江鄉試第七名 會試第一百七十七名

成子學 貫廣東潮州府海陽縣軍籍 國子生
治易經字懷道行四年四十一五月十八日生
曾祖尚 祖亂 父瑚 母蔡氏
永感下 兄子俊 子傑 子佑 娶洪氏
廣東鄉試第十一名 會試第一百二十

張守直 貫順天府薊州遵化縣民籍 學生

治禮記字時舉行三年二十九六月二十七日生

曾祖成 祖能知縣 父繼本州吏目 嫡母王氏 生母高氏

慈侍下 兄希載 希武 弟守簡 希儒 守約 娶李氏 繼娶趙氏

順天府鄉試第四十四名 會試第二百五十名

周世遠 貫四川重慶府江津縣民籍 縣學附學生

治詩經字子道行二年二十五九月十八日生

曾祖瑄 祖玉鑑壽官 父謨 母何氏

具慶下 兄世才 弟世表 世業 娶楊氏

四川鄉試第五十四名 會試第五十七名

馬汝驥

貫遼東都司金州衛官籍 國子生

治書經字德甫行三年二十七十一月初一日生

曾祖雄 壽官 祖釗 父昂 通判 母劉氏

重慶下 兄汝猷 汝豸 朝宗 指揮僉事 弟汝龍 汝驄 汝驊 娶孫氏

順天府鄉試第八十七名 會試第一百五十一名

蔡揚金

貫河南衛輝府千戶所軍籍江西新淦縣 國子生

治易經字子礪行二年三十二九月初八日生

曾祖興 祖潤 父荊玉 母黃氏

永感下 兄南金 娶楊氏

河南鄉試第七十四名 會試第三百四[illegible]

彭應麟

貫直隸松江府華亭縣民籍　縣學生

治詩經字太符行一年四十一三月十二日生

曾祖文　祖忠　父溶　前母張氏　母馮氏

永感下　娶周氏

應天府鄉試第十六名　會試第一百三十二名

傅卿

貫福建興化府莆田縣軍籍湖廣蒲圻縣人　府學生

治書經字獻卿行五年三十五九月十九日生

曾祖汝賢　祖壇　父子嚴　前母何氏　母方氏

具慶下　兄愷　悌　楠　庠　弟懋　春　娶阮氏

福建鄉試第六十一名　會試第五十三名

孫學古　貫浙江紹興府蕭山縣匠籍　縣學生
治書經字汝遜行三年三十四月初四日生
曾祖昕 七品散官　祖式 散官　父煥 聽選官　母蔡氏　繼母周氏
嚴侍下　兄學思 中書舍人　學禮　娶張氏
浙江鄉試第八名　會試第六十四名

馬震章　貫應天府溧陽縣民籍　國子生
治書經字國華行五年四十四月初三日生
曾祖濛　祖永慶　父爾　母楊氏
永感下　弟震彥 監生　娶史氏
應天府鄉試第五十七名　會試第八十二名

徐承祖

貫山東濟南府歷城縣民籍

治易經字克修行一年二十九二月初三日生

曾祖貴大使　祖暹按察司副使　父淳照磨　母盧氏

具慶下　弟承業　娶高氏　繼娶司氏

山東鄉試第一名　會試第三百十三名

嚴清

貫雲南後衛軍籍浙江嘉興縣人　府學生

治易經字直卿行三年二十一四月十八日生

曾祖亮　祖暠　父鎰　母俞氏

重慶下　兄濟漢治學增湛淳潤璋爾洲　弟滋珊　娶魏氏

雲南鄉試第二十六名　會試第一百六十四名

盧宁 貫廣東廣州府南海縣軍籍 國子生

治易經字忠獻行一年四十一九月二十七日生

曾祖潤 祖輝 父津 訓導 母崔氏

具慶下 弟一憲 宇 宜 宏 容 娶劉氏

廣東鄉試第三十二名 會試第十九名

李恕 貫直隸河間府獻縣民籍 縣學生

治書經字道夫行一年三十一十一月初八日生

曾祖貴 祖鑑 父綜 母于氏

具慶下 弟愿 娶唐氏

順天府鄉試第五十五名 會試第二百八十名

徐公遴 貫浙江衢州府開化縣民籍 縣學生

治易經字舉之行五年三十一八月十二日生

曾祖孫 壽官 祖璽 義官 父文溥 母余氏

慈侍下 弟公廉 公選 公祿 公錫 公奎 娶余氏 繼娶程氏

浙江鄉試第二十三名 會試第一百六十一名

魏文焲 貫福建福州府侯官縣軍籍福清縣人 府學生

治易經字德章行六年三十六月二十八日生

曾祖安 祖振清 父鐸 壽官 嫡母陳氏 生母胡氏

具慶下 兄文煥 文燮 文爍 文炳 娶鄭氏 繼娶高氏

福建鄉試第四十九名 會試第四十五名

郭邦光 貫山東東昌府冠縣軍籍 縣學增廣生
治詩經字元賓行二年三十八閏正月十六日生
曾祖敏 祖倫 典史 父鼎 同知 母曹氏
永感下 兄邦憲 監生 娶徐氏
山東鄉試第六十二名 會試第二百三十八名

張邦彥 貫山西潞安府長治縣民籍 國子生
治易經字德崇行三年四十三九月十五日生
曾祖玘 祖英 父富 母劉氏
慈侍下 兄邦重 邦傑 監生 弟邦奇 邦[illegible] 邦[illegible] 邦立 娶申氏
山西鄉試第五十九名 會試[illegible]

韓朝江　貫陝西西安府乾州醴泉縣[illegible]籍　國子生

治春秋字順甫行三年四十五九月初一日生

曾祖英　祖名　壽官　父璋　母湯氏

永感下　兄祐　子玉　弟朝湖　琉江　朝鹽　朝生　朝淮　娶張氏

陝西鄉試第三名　會試第一百八十四名

徐行可　貫湖廣荊州府監利縣軍籍　縣學生

治易經字子恕行二年三十八十一月二十五日生

曾祖昱　祖仁壽　父杞　母李氏

重慶下　兄行健　弟行復　行是　娶周氏

湖廣鄉試第七十二名　會試第三百一十九名

李僑 貫山東濟南府巨[illegible]清縣民籍 縣學生

治詩經字子高行一年三十三八月初七日生

曾祖讓 祖彥名 父瑄典史 母陳氏

永感下 兄儒 娶張氏

山東鄉試第三十二名 會試第一百二十名

周美 貫直隸蘇州府崑山縣民籍 國子生

治易經字濟叔行一年三十三七月初一日生

曾祖玄本 祖晟 父榮 母俞氏

具慶下 娶張氏

應天府鄉試第三十一名 會試[illegible]

陸州
貫浙江杭州府海寧衛[illegible]
治易經字汝行行二年三十四九月二十三日生
曾祖思敏　祖釗　父萱　母李氏
具慶下　兄府　弟科　翰　娶祝氏
浙江鄉試第三十二名　會試第八十七名

左日一
貫四川重慶府大足縣軍籍　縣學附學生
治詩經字君發行一年二十七正月十五日生
曾祖伯訓　祖萬迪　父立教　母梁氏
具慶下　弟昂　昕　暹　娶周氏
四川鄉試第二十二名　會試第二百七十二名

鄭文奎

貫河南開封府祥符縣民籍　府學生

治禮記字彥卿行一年三十四八月初五日生

曾祖英壽官　祖鑑　父臣典膳　母鄭氏

具慶下　娶龐氏

河南鄉試第七十五名　會試第二百五十五名

趙彥章

貫直隸真定府定州民籍　州學生

治春秋字徽甫行二年三十四月十五日生

曾祖賦　祖剛　父鋭　母吳氏

重慶下　兄彥文　弟彥武　娶王氏

順天府鄉試第一百二十一名　會試第[illegible]名

沈科 貫浙江[illegible]府[illegible]

治書經字子進行一年三十六正月十五日生

曾祖濟 祖壽 父揚 聽選官 母[illegible]氏

具慶下 弟稱 娶張氏

浙江鄉試第二十五名 會試第二十七名

宿應參 貫山東萊州府掖縣民籍 府學生

治詩經字文炳行二年三十正月初五日生

曾祖福餘 祖富 父教 典膳 母張氏

具慶下 兄應彩 娶張氏

山東鄉試第六十八名 會試第二百六十名

楊應元 貫陝西群牧所官籍浙江紹興府蕭山縣人 國子生

治書經字伯仁行三年三十四十二月初六日生

曾祖垂清 祖完 父璣 母胡氏

慈侍下 兄應嵩 應宿 弟芥 娶范氏

陝西鄉試第四十六名 會試第一百名

尤瑛 貫直隸常州府無錫縣軍籍 縣學生

治書經字汝白行七年三十四十一月十九日生

曾祖鏻 祖恍 父晉 前母朱氏 母華氏

具慶下 兄璉 琢 璧 琦 璘 環 弟琛 珙 理 璣 璿 璠 珏 娶錢氏

應天府鄉試第一名 會試第[illegible]

何尚賢 貫山西平陽府猗氏[illegible]

治春秋字汝思行二年三十七七月初八日生

曾祖濟 鴻臚寺序班 祖純 父廷璋 母張氏

慈侍下 兄尚德 知州 娶張氏 繼娶王氏

山西鄉試第六十名 會試第一百五十名

李尚智 貫山西潞安府屯留縣民籍 國子生

治詩經字汝愚行一年二十七九月二十日生

曾祖友 祖綱 父世雷 母趙氏

慈侍下 兄尚仁 弟尚信 尚矩 娶鄭氏 繼聘尹氏

山西鄉試第三十二名 會試第二百二十四名

胡志夔 貫山西平陽府安邑縣鹽籍 國子生

治詩經字鳴和行三年二十九十二月二十九日生

曾祖敏聰 祖睿知縣 父珍監生 前母路氏 母文氏

永感下 兄志皐 志太 弟志龍 娶郭氏 繼娶郭氏

山西鄉試第四十五名 會試第一百八十八名

林軏 貫四川成都左護衛中所總旗籍 國子生

治易經字濟遠行一年二十七四月十二日生

曾祖寬壽官 祖景元 父森 母薛氏

永感下 娶王氏

四川鄉試第四十四名 會試第[illegible]

梁恩

貫湖廣岳州府巴陵縣[illegible]

治詩經字子承行七年二十九五月十三日生

曾祖文達　祖志澄　父原中　母許氏　生母鄧氏

慈侍下　兄崐　崘　岳　爵　俊　晁　娶詹氏

湖廣鄉試第五十一名　會試第三百八十一名

張達

貫浙江紹興府餘姚縣官籍　國子生

治易經字樹德行十二年三十二十二月十七日生

曾祖皞　祖僅　父珊　母史氏

永感下　兄遷　達 刑科右給事中　迪　遜 監生　遠　遴　建 舉人　弟[illegible]　娶[illegible]氏

浙江鄉試第五十七名　會試第六十三名

張守家 貫山東兗州府滕縣軍籍陝西西安府華陰縣人 國子生

治書經字啓哲行一年三十四七月十九日生

曾祖昇 祖環 父釗 母傅氏

重慶下 弟守遜 守巽 守恒 娶党氏

山東鄉試第十三名 會試第二百二十七名

劉景韶 貫湖廣武昌府崇陽縣軍籍 縣學附學生

治詩經字子成行三年二十八正月初三日生

曾祖鐸 祖紹箕 父縉 嫡母甘氏 生母潘氏

具慶下 兄景明 景芳 弟景光 景鍾 娶張氏

湖廣鄉試第六十名 會試第二百六十七名

李華魯 貫河南開封府祥符縣民籍 國子生

治詩經字季榮行一年三十四六月初十日生

曾祖璘 祖巍 壽官 父潤 學正 母傅氏

具慶下 弟觀魯 在魯 變魯 興魯 娶賈氏

河南鄉試第十五名 會試第八十一名

羅文蔚 貫四川重慶府綦江縣民籍 國子生

治書經字繇天行三年三十九十二月初十日生

曾祖鑑 祖添亮 父敏 母孫氏

嚴侍下 兄文教 文訓 娶孟氏

四川鄉試第三十名 會試第一百十三名

李初元 貫四川順慶府營山縣民籍 縣學生

治易經字少貞行一年二十六正月十五日生

曾祖仕麒 壽官 祖鑾 父渾然 母任氏

具慶下 弟慶元 亨元 體元 娶陳氏

四川鄉試第四十七名 會試第一百七十六名

王國光 貫山西澤州陽城縣民籍 國子生

治易經字汝觀行二年三十三十一月初一日生

曾祖子文 義官 祖禺 父承祖 母原氏 繼母曹氏 張氏

具慶下 兄重光 弟爭光 前光 奎光 近光 耿光 娶張氏 繼娶衛氏

山西鄉試第十九名 會試第二百九十四名

趙祖元 貫浙江金華府東陽縣[illegible]

治詩經字宗仁行六十四年三十三二月十八日生

曾祖大錦 璧 祖爲瀬 父繼宋 母吳氏

具慶下 兄祖庶 弟祖朝 奏 祖鷹 娶劉氏

浙江鄉試第九十名 會試第三十名

朱寵 貫湖廣武昌衛後千戶所官籍東兖州府寧陽縣學生

治詩經字德承行三年三十二七月十六日生

曾祖瑛千戶 祖璽千戶 父金千戶 母張氏封宜人

具慶下 兄官千戶 寅 娶李氏 繼娶劉氏

湖廣鄉試第五十四名 會試第二百三十五名

張子順　貫直隸德州衛官籍河南唐縣人　州學生
治春秋字敬甫行二年三十五九月十七日生
曾祖紀　祖寧　父珮　母武氏　繼母許氏
具慶下　兄子孝　弟子化　子泮　娶賀氏
山東鄉試第五名　會試第二百六十四名

汪任　貫直隸徽州府祁門縣民籍　縣學生
治詩經字子仁行十五年三十閏[illegible]月[illegible]日生
曾祖宏道　祖汝洪　父介　母謝氏
具慶下　兄伻　弟[illegible]　娶[illegible]
應天府鄉試第六十九名　[illegible]

肩從倫 貫廣西桂林右衛官籍 [illegible]

治易經字汝中行一年二十六二月二十一日生

曾祖旺 祖椎 父瓚 母黃氏

永感下 兄傑百戶 俸 弟從義 娶蔡氏

廣西鄉試第六名 會試第三百十六名

裘仕濂 貫浙江紹興府嵊縣民籍 國子生

治書經字子憲行三年三十六八月二十五日生

曾祖準 祖總生員 父曰麟 母張氏 繼母李氏

嚴侍下 弟仕湑 仕洪 仕沛 任沐 娶邢氏

應天府鄉試第七十九名 會試第十四名

楊敷　貫四川順慶府西充縣軍籍　縣學生

治易經字震卿行一年二十五閏八月十四日生

曾祖賓吏目　祖儒　父淩漢　母任氏

具慶下　弟敏　娶羅氏

四川鄉試第十四名　會試第二百八十五名

李廷桂　貫山西潞安府長治縣軍籍　國子生

治易經字子馨行一年四十二六月[illegible]日生

曾祖昱[illegible]　祖灃壽官　父壕[illegible]　嫡母賈氏　繼母張氏　生母[illegible]

[illegible]侍下　兄[illegible]　兄[illegible]　兄[illegible]　弟[illegible]　[illegible]

山西鄉試第六十名　會試第[illegible]名

陳璨　貫湖廣岳州府巴陵縣[illegible]　[illegible]生

治詩經字德潤行一年三十正月初五日生

曾祖溥　祖伯勝　父舜謨省祭　母張氏　繼母談氏

具慶下　弟璲　玫　琰　珣　玠　玉　娶劉氏　繼娶張氏

湖廣鄉試第三十四名　會試第九十名

陳效古　貫河南汝寧府光州息縣民籍　國子生

治易經字武周行二年四十八月十四日生

曾祖讓　祖海　父子謙訓導　母陳氏

永感下　兄慕古　弟蘊古　娶雷氏

河南鄉試第五十名　會試第二百五十九名

萬吉 貫遼東都司定遼前衛官籍江西撫州府臨川縣人 國子生

治書經字一之行二年四十九月初四日生

曾祖俊百戶 祖英百戶 父鉞百戶 母王氏

具慶下 兄堂 吉 喜 娶劉氏 繼娶陳氏 孫氏

順天府鄉試第七十七名 會試第二百三名

邵稷 貫浙江紹興府餘姚縣民籍 縣學附學生

治易經字子嘉行二年三十二十月[illegible]

曾祖禮 祖孟甫 父[illegible]

具慶下 兄濤 弟潼 [illegible]

浙江鄉試第二十九名

楊允繩 貫直隸松江府華亭縣官籍

治詩經字翼少行一年三十五八月初三日生

曾祖雲贈承德郎工部主事 祖璋四川按察司副使 父秉道 母戴氏

永感下 娶黃氏

趙輄 順天府鄉試第六十二名 會試第一百七十二名

貫山西澤州高平縣民籍 國子生

治易經字以載行二年三十六六月十六日生

曾祖子成義官 祖倫義官 父科監生 母秦氏 繼母范氏

具慶下 兄軸 弟金監生 轔 娶李氏

山西鄉試第十一名 會試第五十名

曹鈿 貫四川順慶府渠縣民籍 縣學生

治禮記字右文行二年三十三十一月初二日生

曾祖彥彬 祖宥 父孟瓚 前母陳氏 母吳氏 繼母毛氏

永感下 兄鑰 弟錡 娶龔氏

四川鄉試第二十一名 會試第一百九十二名

申仲 貫河間府任丘縣軍籍山西潞安府屯留縣人 縣學生

治詩經字汝孟行四年三十五十一月十九日生

曾祖清大使 祖瑛 父序 母高氏

具慶下 兄佑 信 儒 弟脩 傑 娶龐氏

順天府鄉試第八十三名 [illegible]

張廷槐 貫萬全都司興和守禦千戶所官籍[illegible]
治詩經字子徵行六年三十六九月二十一日生
曾祖信 正千戶 祖鑑 贈文林郎 監察御史 父灝 山西按察司僉事 前母葉氏 贈孺人 母蔡氏
嚴侍下 兄瑾 正千戶 玹 廷相 廷棟 廷楫 弟廷桂 廷松 廷栢 廷楏 娶劉
順天府鄉試第三十八名 會試第八十三名

何璋 貫湖廣荊州府夷陵州軍籍 國子生
治春秋字國珍行三年三十九正月初五日生
曾祖宗 祖昱 父永富 母鄧氏 繼母王氏
嚴侍下 兄瓚 琦 知縣 琟 瑶 娶張氏
湖廣鄉試第四十名 會試第七十七名

金豪

貫浙江金華府蘭谿縣民籍 縣學增廣生

治易經字文興行三十四年三十五五月初九日生

曾祖彥良 祖仕愷 父皎 母章氏

永感下 兄富 弟俊 傑 娶王氏

浙江鄉試第五十八名 會試第二百九名

陳全之

貫福建福州府閩縣民籍 縣學附學生

治春秋字粹中行三年三十三三月十三日生

曾祖叔剛翰林院侍讀 祖煒布政使司右參政 父璽 嫡母姚氏 繼母鄭氏 生母黃氏

慈侍下 兄舉之 魁之 咸之 弟登之 時之 與之 朝之 鼇之 韶之 [illegible]

福建鄉試第二十三名

李燦　貫山東[illegible]州府[illegible]

治詩經字晦夫行一年三十八月初一日生

曾祖綱　祖淮[illegible]戶部員外郎　父燕行太僕寺少卿　母周氏封[illegible]

重慶下　弟炎　燦　燚　燃　娶高氏

山東鄉試第四十二名　會試第二百四十名

戴才　貫直隸河間府滄州民籍　州學生

治詩經字大需行一年二十九十一月十三日生

曾祖慶　祖宣　父臣　母蕭氏

具慶下　兄瓏　弟環　娶田氏

順天府鄉試第五十六名　會試第一百四十五名

李逢時 貫直隸德州衛軍籍江西贛縣人 州學生

治春秋字化甫行一年三十二十一月初十日生

曾祖清 祖琳 父芥 [illegible] 母董氏

慈侍下 娶毛氏

山東鄉試第五十五名 會試第二百名

王宗聖 貫浙江金華府義烏縣民籍 國子生

治書經字汝學行五十三年三十三八月初[illegible]生

曾祖深 祖佺 父敏 [illegible] 母陳氏

嚴侍下 弟宗祖 娶[illegible]氏

浙江鄉試第二十八名 會試[illegible]

李攀龍 貫山東濟南府歷城縣 籍 府學生

治詩經字于鱗行三年三十一四月十八日生

曾祖禎 祖端教官 父寶典膳 前母郭氏 母張氏

慈侍下 兄登龍 躍龍 弟化龍 成龍 娶徐氏

山東鄉試第二名 會試第三十九名

范允濶 貫順天府霸州民籍 國子生

治書經字清夫行一年二十五九月二十二日生

曾祖延壽巡檢 祖昭 父魁歲貢生 母王氏

重慶下 弟允愚 允鈍 娶曹氏

順天府鄉試第八十二名 會試第二百七十八名

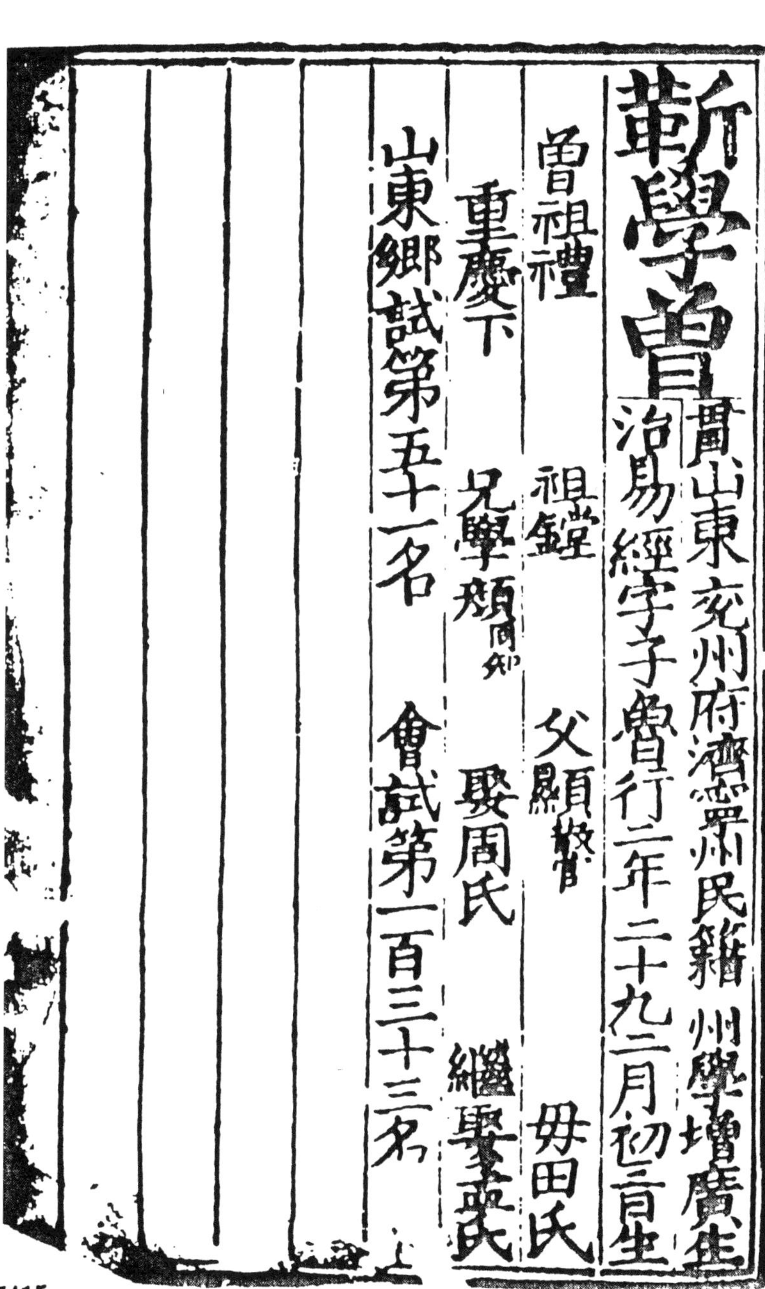

靳學曾 貫山東兗州府濟寧州民籍 州學增廣生

治易經字子魯行二年二十九二月初三日生

曾祖禮 祖鏜 父顯贈 母田氏

重慶下 兄舉 顯同知 娶周氏 繼娶孟氏

山東鄉試第五十一名 會試第一百三十三名

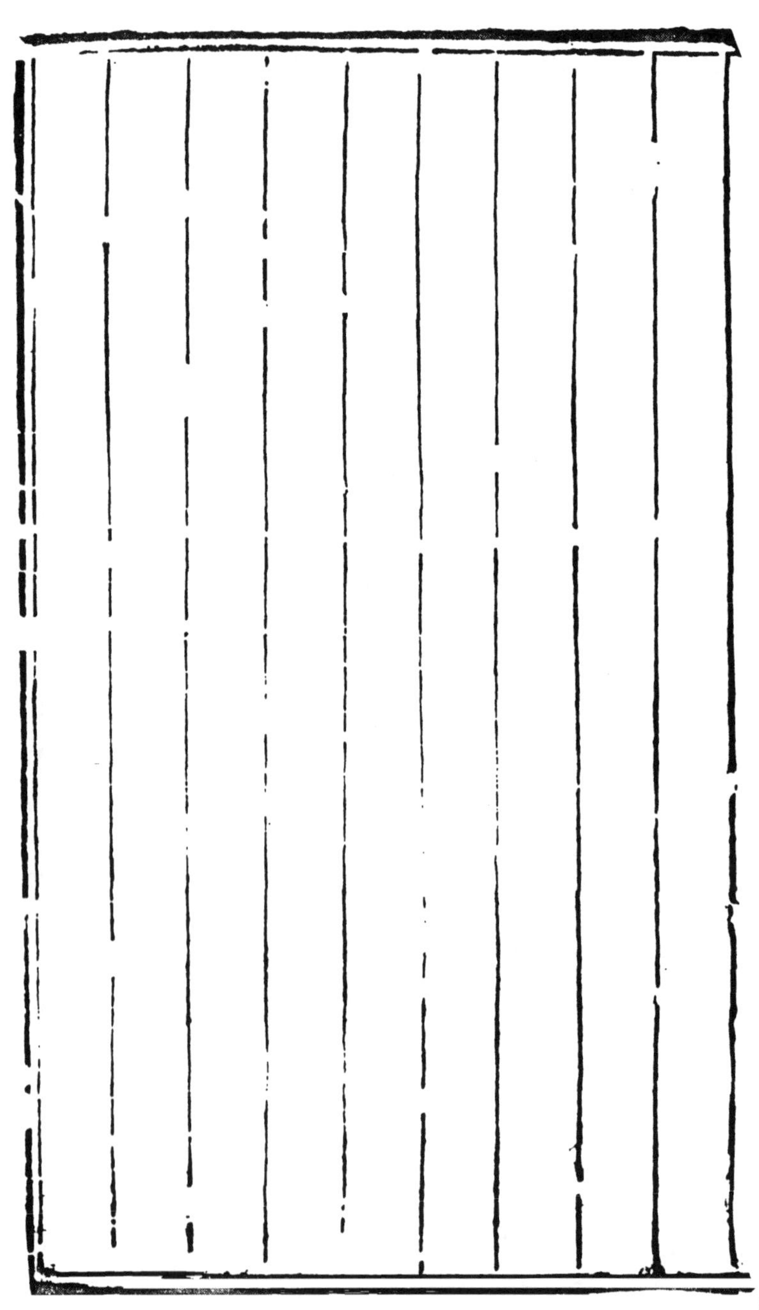

皇帝制曰。朕惟文武二道。並用而不可缺與偏者也。傳曰。張皇六師。又曰。其克詰尒戎兵。此非

好於用兵[illegible][illegible]

皇祖高皇帝。以武功

定天下。即位之始。

思欲偃武修文。以

德化天下。至於

列聖相承。懋修文德。海宇乂安。國家無事。朕以支末上承

天命。入纘

寶位。茲越二旬載矣。

夫。何連歲以來。北虜寇疆。入我中國。若蹈無人之境。殘我天民。前所未有。本之以朕闇德基

之立于中。是以教化莫克行于外者也。然朕又聞之曰。帝王之政。守在四夷。今朕欲求長治

久安之術無出於
守之一端欲得其
守之之道當何施
用以盡其長且久
焉。爾多士抱經世

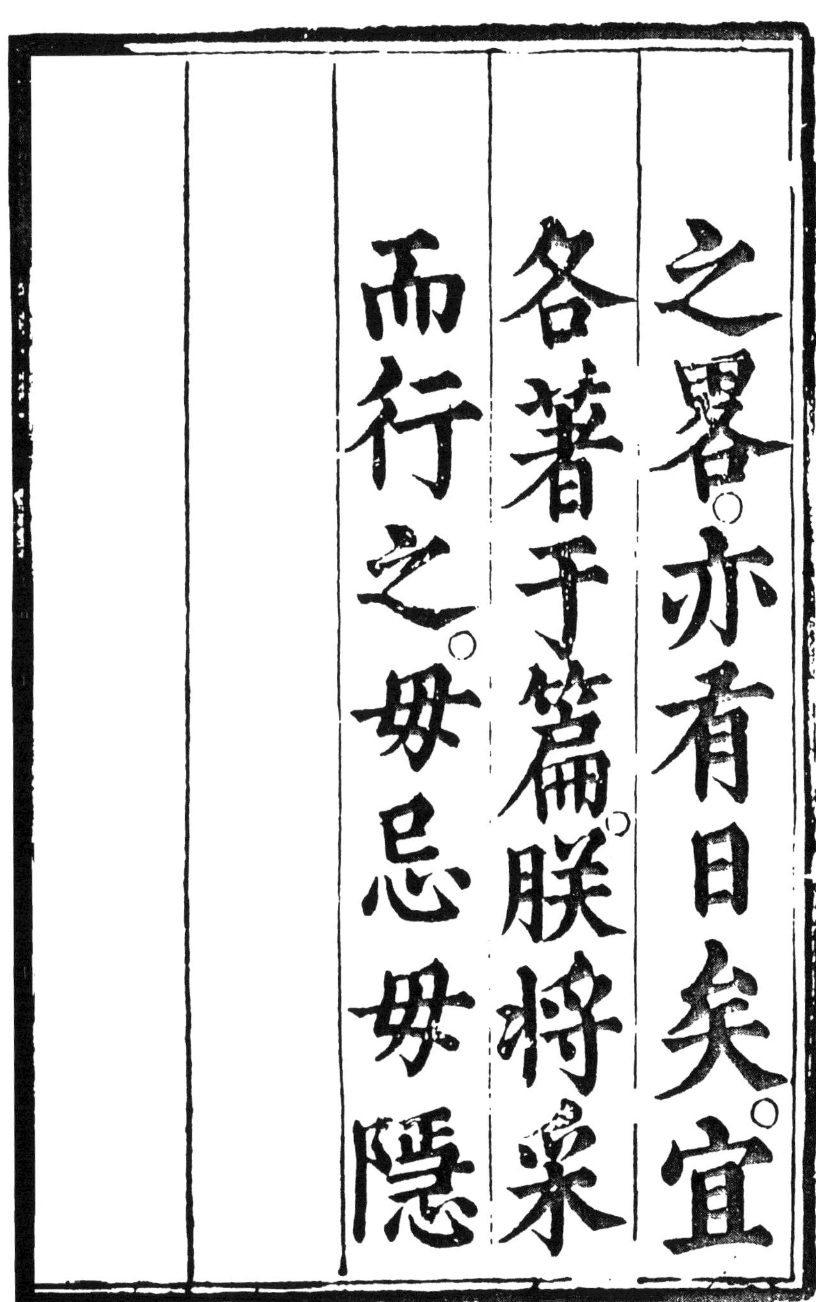
之署。亦看目矣。宜各著于篇。朕將采而行之。毋忌毋隱

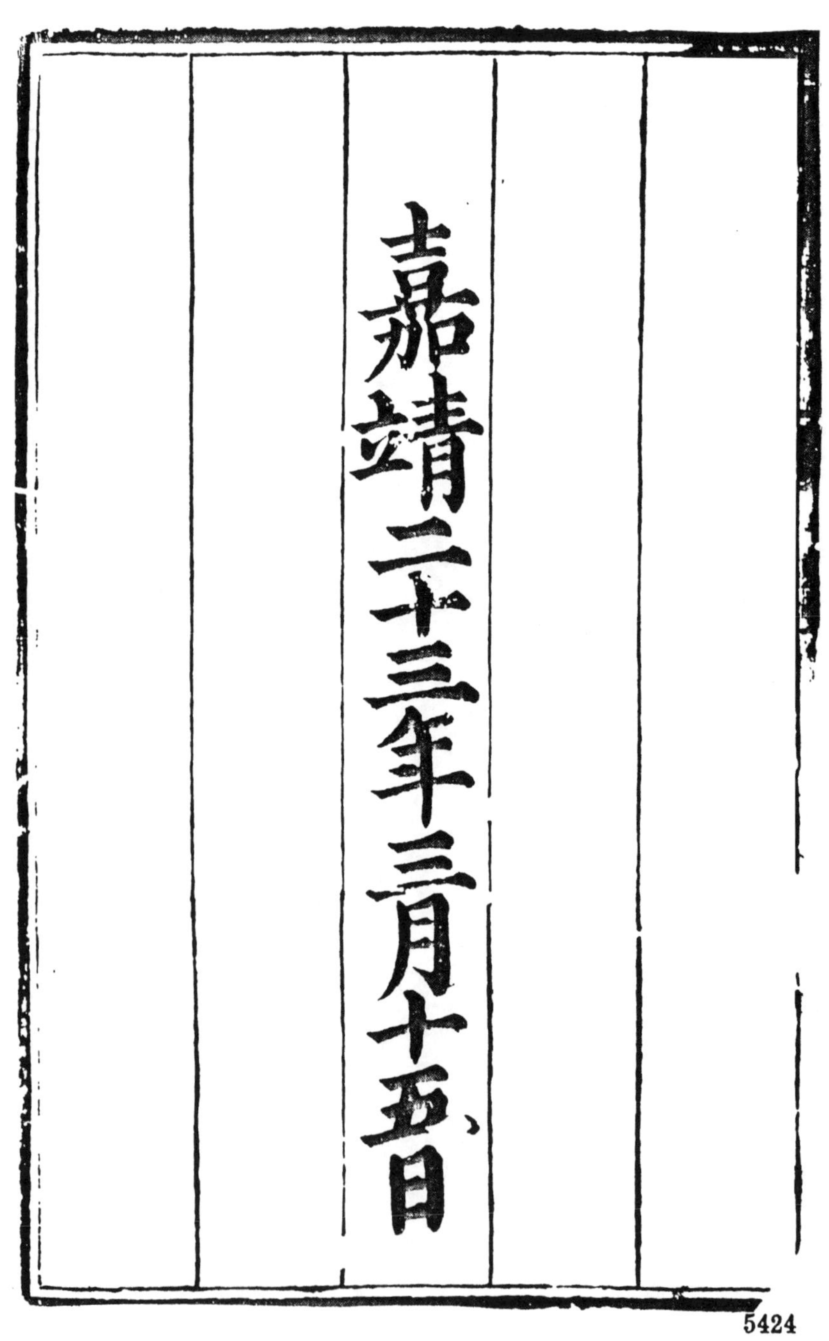

嘉靖二十三年三月十五日

臣秦鳴雷

臣對臣聞帝王保大業於無疆者有經國之規模有植國之根本規模之經也存乎法根本之植也存乎仁是故崇文詰武經制彌定使夫法之行於天下者整飭而不可紊夫是之謂規模脩德行仁膏澤下究使夫仁之洽於人心者固結而不可解夫是之謂根本經制定則國威立德澤究則國脉固由是萬姓胥悦於域中聲教四訖於海外大業之保蓋卓乎其不可拔矣自古帝王 國長久之道

生物爲心而理物之責[illegible][illegible]重乎君[illegible]
茂膺天眷也非徒肆於民上實以君師之道
存乎我而代之理也則凡斯民之安危利害
世道之否泰盛衰凡可以克盡其道而奠天
下於文熈武謐之域者自有不容於不講矣
今夫立天之道曰陰與陽立人之道曰仁與
義而帝王也者又所以法天而圖治者也是
故帝王以仁育天下非文無以昭休明之治
故凡崇奬儒彥懷保黔黎與夫體國經野明
物章軌以成經緯之德者皆文之屬也帝王

以義正天下非武無以示撻伐之威故凡選擇將帥振勵卒徒與夫誅暴禁亂飭法嚴備以成安定之功者皆武之屬也文以敷德則海宇奠而內順治武以示威則疆圉靜而外威嚴此誠有國家者不容以偏廢者也使有武而無文以濟之則義勝而流於剛其何以敦渾厚之治體有文而無武以濟之則仁勝而流於懦又何以立精明之治功也哉乃若召公之告康王曰張皇六師周公之告成王曰其克詰爾戎兵此其爲言亦有所儆者也

不知亂者保其治者也危者保其安者也昇

揚武者乃所以覲文初非好於用兵也一或

講之無素備之弗豫則所以為防者必疎而

其為累也亦必不小是誠不容以或後者也

臣聞中國之有夷狄猶陽之有陰晝之有夜

君子之有小人不能以必去焉者也是故先

王建國列之侯封采服之外所以峻其防焉

號令不及其人正朔不加其國所以别其類

焉刑以懲叛禮以懷來所以服其心焉柰之

何狼子野心非我族類重以消長之勢無常

強弱之機莫測值其弱則稽顙而稱臣當其強則犯順而干紀蓋自古則然矣故有化足以成風動而不免於有苗之征德足以臻時乂而不免於鬼方之伐治足以致中興而不免於玁狁之孔熾是又奚足為盛世之累哉故曰帝王不患有夷狄之強而患吾無禦之之具不貴有禦夷之具而貴吾無以致夷之窺而已矣強本以治內嚴兵以固圉來則必治去則不追殺使各安其所而不敢干吾治者茲非計之良乎三代以降[illegible]道則[illegible]

虜恭命將出師築塞以禦敵以糜費巨萬[illegible]

患未祛而國釁已不可救矣是謂虛內以事

外漢武以雄才大略之資爲窮追遠討之舉

登南臺於塞北絕王庭於幕南夷氛雖息而

民生已不勝困矣是謂討末而忘本斯皆策

之最下者也他如唐稱臣於突厥既病貽謀

之不臧宋迫辱於遼金復患偷攘之坐失是

又幾於無策矣安得而不淪胥以致茲極乎

辛而

天啓

皇明我
聖祖高皇帝以天縱之聖奮起淮甸迅掃腥羶驅
之北歸絕其南寇建自古所未有之事功復
帝王所自立之中國
神謨勇略固嘗以武功定天下矣至于
即位之始干戈甫息乃欲偃武脩文以德化天
下者其故何哉夫亦以天下初定扶傷持危
與天下休息道蓋莫先於此非固果於忘戰
耳也觀其思患預防

[illegible]述也歟哉
成祖六飛三駕再昭撻伐之威爰及
列聖養威峻防不忘制馭之策其所以綿
國祚之永而恪遵
成憲者又何明備也仰惟
皇上蘊神明之德際
中興之期武以止戈爲威兵以全國爲上疆埸
之患撲之於方萌隱微之禍消之於未著南
夷繫頸北虜貢琛唐虞三代之盛何以加此
聖祖

神孫後先相望

盛德大業篤祜無疆

國家長治久安之術尚何以他求為哉雖然帝

王望治之心無窮人臣愛君之心無已於古

稱大舜之知必曰好問好察彼賈誼當文帝

之世猶有取於厝火積薪之喻焉則臣雖至

愚所以仰稱

德意而自靖厥忠者可緘默焉而已乎臣請得

而籌之夫王者以京師為室以諸夏為庭戶

以四夷為藩籬其內外遠近分先後[illegible]

之序蓋不待較而知也粵自先王寓兵於農
之意既壞而後世制馭之道不容不分要之
厚民所以足兵恤兵所以衛民實相資而非
相病也然則端本自治之道夫亦於二者而
加之意乎以今日之民言之安其田里施之
教化殿最書于臺臣而守牧有考利病謁於
藩臬而興革以時以至水旱凶災之必聞賑
貸蠲免之屢下是
陛下所以厚民者無不盡也以今日之兵言之歲
給之衣月給之糧額籍總於司馬而逃亡可

稽節鉞授於制帥而上下有統以至團練教習之有方賞罰鼓舞之無倦是

陛下所以恤兵者無遺策也夫民安而本益以固兵精而氣益以振是宜勢益以昌威益以遠文僖而武益以謐也然而北虜之窺伺猖獗邊境之烽火繹闐頃者入我中國若蹈無人之境誠有如

聖諭所及者此其故何也臣愚以爲

聖心之憂民至矣而所以宣力於下者或非其良

聖政之養兵善矣而所以分閫者或非其[illegible]

[illegible]故[illegible]爲能而不[illegible]忘於厚下人
期會簿書爲急而不加志於撫恩甚者鋭意
催科虛張斂散之能厚自封植罔行漁獵之
計夫守令之職最爲近民使天下果若人[illegible]
又安能保斯民之皆得其所乎以紈袴而濫
韜鈐之寄方略有所未聞虐士卒以張威福
之權撫綏有所未備甚者功圖速化馳捷報
之虛聲志切自肥仍債帥之故轍夫三軍之
命懸於一人使將帥而咸若是焉又安能保
邊兵之皆樂於用乎夫民心不固而示敵以

守是校之以可乘之隙守之未見其固也士氣未張而應敵以戰是先之以可敗之道戰之未見其利也然則長治久安之術卽何以他於爲哉亦惟重守令之任而選之也必精使郡縣之布列皆龔黃卓魯其人焉于是嚴黜陟之典申久任之規勞心撫字必增秩以示榮奉職無聞必奪爵以示辱塞奔競僥倖之門斥闒茸貪墨之吏如是則民安而無復失所之歎矣重將帥之任而簡之也必愼使

[illegible]士分撰皆碩[illegible] 焉于是[illegible]

任之誥昭勸懲之典有[illegible]必[illegible]寬之以歲月之餘有罪必誅略之以文法之細無以一人之譽而尚其賢無以盈篋之謗而撓其志如是則兵精而咸起報効之思矣由是而昭武勇以示威脩戰備以利用謹關隘以辯姦遠間諜以防詐嚴吾之守以俟敵之戰將見按之無釁寡覬之無隙虜知吾之有守矣以靜制動以逸待勞虜屈吾之不戰矣茲固帝王萬全之策古今不易之道也尚何夷患之足憂耶否則黷寇輕敵其禍大邀功生事其計危

皆非臣之所敢知也雖然衛夷之道固在於
治內而治內之要莫切於治心故心存於正
則事無不正而天下蒙其福心蔽於邪則事
無不邪而天下與其憂
陛下紹心學之傳發道統之秘
敬一有箴四箴有註所以預養此心者固已能
自得師矣臣恒慮操持之甚難察識之不易
耳夫人主深居九重攻之者衆倘於防微杜
漸之戒省察克治之功一未至焉臣恐虛明
純一之體有不能復如其初然入臣願

陛下戒之愼之明通公溥以植其上下靜虛動直
培其基戒謹於不覩不聞之時察識於內外
賓主之辯親賢遠佞俾一暴弗膂於十寒慎
終如始使九仞罔虧於一簣淫哇之聲奇巧
之色則曰吾心之賊也便嬖之言側媚之態
則曰吾心之蠹也土木遊田之娛宮室侈靡
之奉則曰吾心之所以喪失而不自覺者也
兢兢如堯業業如舜孜孜如禹慄慄如湯亦
保亦臨如文不泄不忘如武則心存而德可
脩德脩而道可立道立而政可舉由是顯設

於

朝廷而庶事康矣

頒布於四海而萬民樂矣洋溢於蠻陌而四夷

慕矣天地位萬物育諸福之物可致之祥莫

不畢至而王道終矣此非臣之臆說也伯益

之戒舜曰無怠無荒四夷來王漢儒董仲舒

曰正心以正朝廷正朝廷以正百官而宋儒

朱熹亦謂其本不在威强而在德業其任不

在邊境而在朝廷其具不在兵食而在紀綱

今日者也惟

陛下不棄芻蕘

留神省覽見之施行則

宗社幸甚天下幸甚臣干冒

天威戰慄無地不勝惓惓仰望之至臣謹對

臣瞿景淳

臣對臣聞帝王之御天下也有致治之大法
有善治之大幾文武者致治之大法也文武
之用各惟其時者善治之大幾也帝王之受
命于天而統理華夷也觀天之有陽而文教
興焉是文也者所以象天之生育也觀天之
有陰而武備脩焉是武也者所以象天之震
曜也然創業之初不患無武而患文教之或
微守成之日不患無文而患武功之弗競所
貴治者亦隨時俛勉使之于治而不

是故知大法則天下之治並行而不悖矣
幾則天下之治善救而不窮古之帝王所以
不動聲色而奠宗社于泰山之安者由此其
選也恭惟
皇帝陛下躬神聖之資撫盈成之運秉
離照以宣文則有以成
文明之治奮
乾剛而用武則有以張
震疊之威如臣者蓋亦沐浴膏澤歌咏太平而蕩
蕩其難名矣迺于

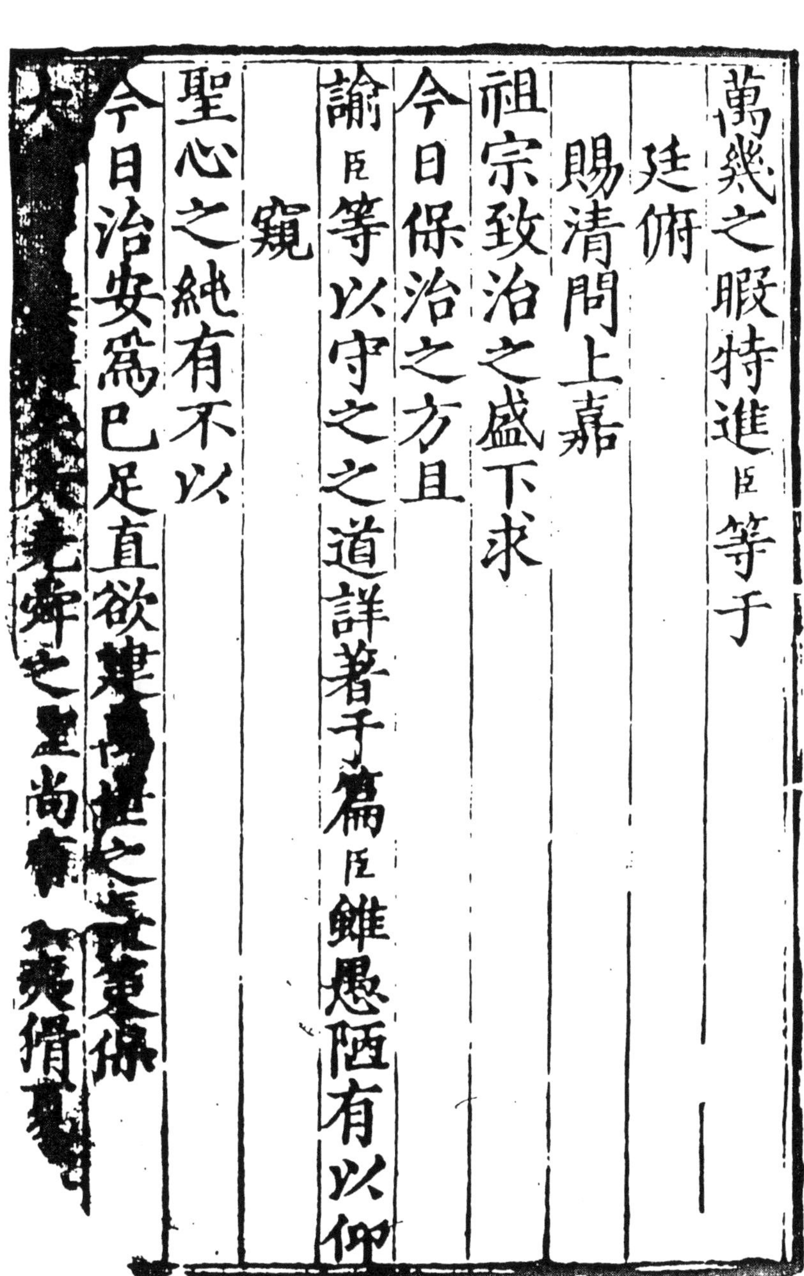

萬幾之暇特進臣等于

廷俯

賜清問上嘉

祖宗致治之盛下求

今日保治之方且

諭臣等以守之之道詳著于篇臣雖愚陋有以仰

窺

聖心之純有不以

今日治安爲已足直欲建萬世之長策保

大[illegible]堯舜之聖尚有[illegible]夷猾夏

則今之北虜亦何足以累

聖治乎然臣聞之四郊多壘卿大夫之辱也執干戈以衛社稷者亦士之任也則今邊鄙多聳穡人無功凡吾臣子皆與有責矣臣敢不罄一得之愚以答千載之遇乎夫帝王之御天下以成久安長治之術者無他惟文武二途而已矣顧其爲道也不可易而其爲用也不可齊文教之綏所以求內之順治也一于文而不知有武則禍亂無所于定而或以廢天下之功武衛之奮所以求外之威嚴也一于

武而不知有文則化理無所于飭而或以啓
天下之釁臣故曰道之不可易者此也然天
下之勢有強弱而文武之用有緩急開國之
初國勢爲強乘強之勢者利用文繼體之日
國勢爲弱乘弱之勢者利用武有武以濟文
之所不及則惠等而不之玩有文以濟武之
所不及則威褻而不之折臣故曰用之不可
齊者此也然帝王以天下爲度其選將練兵
有時而用武者非求勝于夷狄也吾自治吾
之而已矣[illegible]國之理也

以爲守也武也者國之幹也以固吾圉
其用雖殊適治則一臣故曰帝王之治天下
惟文武二途也伏讀
聖制有曰朕惟文武二道並用而不可缺與偏者
也傳曰張皇六師又曰其克詰爾戎兵此非
好于用兵耶大哉
皇言蓋有見于天下之勢而得夫張弛之權矣臣
請稽諸經史質諸古今爲
陛下陳之夫文武之在昔未始分也分之自後世
始而用之亦未始偏也以言乎將相無事而

謨謀帷幄則爲敵義一德之訓有事而出總

戎行則爲升陑鷹揚之師是相亦將也以言

乎兵農無事而耕則爲比閭族黨之民有事

而戰則爲伍兩軍師之制是兵亦農也文武

之在昔未始分也自管敬仲以國中之民爲

兵以四郊之民爲農兵農始分而不可合矣

自宋人以樞密主兵中書主民將相始分而

不相統矣然兵以衛民民以養兵相主運籌

將主決戰體統相維中外相應後之帝王亦

未始獨任而成功者也武之後世用[illegible]

未始偏也夫惟未始[illegible]也是[illegible]相運不已
之勢夫惟用之未始偏也是故有迭運不已
之神譬之天道之陰陽雖慘舒各一其氣其
成歲功則一而已矣顧帝王所以制治于未
亂保邦于未危使天下之勢不至于極重而
難反者則有幾焉昔周公之輔成王也禮樂
之化致夫重譯蓋以文治爲先矣而克詰戎
兵之訓首迪于訪落之始召公之輔康王也
保釐之治洽于東郊蓋亦以文治爲先矣而
張皇六師之訓首陳于踐阼之初成康之爲

君夫豈以武功毒其民周召之爲臣夫豈以武功適其君者周治尚文其勢已弱而又當豐亨豫大之時使不從武備之易隳者而振勵之則以弱政濟弱勢四夷之交侵諸侯之負固當不俟夫昭王之後而後見此臣所以妄論天下之勢必識其幾而後可以善其治于不窮也臣請以

皇祖之所以垂統

列聖之所以紹休

今日之所以守天下者也 [illegible]

皇祖之開天撫運也驅[illegible]主[illegible]象[illegible] 胡虜
武功之盛蓋已震乎殊方矣而
登極之日首崇學校其治若先乎文哉
成祖之繼天立極也親禮儒臣表章性理
文德之盛蓋已光于海隅矣而靖難之後三犁虜
庭其治若先乎武此固帝王補偏救弊之大
權未易以常情測者也自是以來
列聖相承大業益固蓋雖
文治之精華而
武烈之所被者寔開其先矣今我

皇上以聖神文武之資致雍熙悠久之治蓋二十有三年于茲是故德之所及涵濡如雨露威之所及震動如雷霆治之所及容保如天也蓋不止于西旅之貢獒越裳之獻雉也邇者

北虜遺孽乃忘我

天覆之仁哨聚入寇殘我天民有如

聖制所云者此固文武臣工奉行未至者之罪也使文武臣工各供其職各效其忠則干羽之

化既足以懷其攜貳之心

下乃曰朕罔德基之立于中是以敎化莫克仁
于外此誠禹湯罪己之盛心也凡我臣工又
孰敢不祗承
德意而修其職分之所未盡者乎臣固知北虜
之不足平也伏讀
聖制之篇終有曰帝王之政守在四夷今朕欲求
久安長治之術無出于守之一端欲得其守
之之道當何施用以盡其長且久焉且
誠臣等毋忌毋隱各著于篇臣雖不肖亦不敢上

覔
天子下覔所學而自求于無諱之朝也竊以爲
今日之計亦不能舍文武二者而别爲之圖惟就
其壞于因循者而振揚之耳昔宋人西事之
興韓琦之陳謨也不急于其他而急于立紀
綱歐陽脩之陳謨也不急于其他而急于明
賞罰此皆振揚之說也 今縉紳之士以文
名者蓋巳充斥于中外矣然文士[illegible]徒工而紹
濟之未開其弊也虛介胄之士以武名者
巳布列于遐邇矣[illegible]

關其[illegible]現文恃[illegible]等[illegible]
衰爲尤甚今欲立明作[illegible]功洞悍大之[illegible]
萬世久安長治之策安得不立紀綱明賞[illegible]
從其壞于因循者而振㧞之也臣敢冒昧悉
以邊事之弊者爲
陛下陳之中國之禦戎地險以爲坊項自大寧既
棄而東北之藩籬以薄東勝不守而西北之
形勢以孤此地險之失據其弊一也中國之
禦戎人和以爲本頃自大同倡亂而人懷判
渙之謀諸鎮觀望而軍無紀律之固此人和

之末至其弊二也中國之禦戎兵食以爲具頃自屯政不脩而列屯無可仰之資鹽法未清而轉漕無飛輓之助此兵食之未充其弊三也弊端日新則邊備日隳而臣愚以爲非一朝一夕之故也

陛下誠建久安長治之策以盡夫守之之道亦惟察其致弊之原亟爲之所而已矣臣嘗妄論今之事宜有六而攻討之術不與焉明居重馭輕之權則識兵之[illegible]閫不才[illegible]以不[illegible]

刻屯圖畫之略則[illegible]

也廣推誠授任之道

以不行也慎招携懷遠之圖則撫綏節制

宜不可以不詳也爲深根固本之慮則補

保障之辨不可以不早也求足國裕用之規

則酌盈濟虛之道不可以不力也凡此數者

臣盖日夜思之而未知其合于

國體否也今

陛下以天下爲度以生民爲念深求夫守之之道

則惟擇將擇相與之共理而已矣盖將所以

捍衛于外相則討其功過詔王而馭之者也

昔漢高之王秦也有蕭何為之謀而後韓信
得以畢其策宣帝之屯金城也有魏相為之
主而後趙充國得以定其功唐宗之定蜀也
有杜黄裳為之輔而後高崇文得以展其志
天下之事未有不由于君臣一德將相戮力
而可與有成者今從容密勿者有張仲之賢
寵握韜鈐者有吉甫之畧而又益求遺才搜
剔弊陋況發有斷而不重發以[illegible][illegible]其功更
有漸而不輕為以速[illegible]成則[illegible]運于帷幄
中而[illegible][illegible]于萬里

大業之圖當與天地同久
即底定矣又何足以勞
聖慮哉然臣于此復有獻焉昔孟軻氏有曰孰不
爲守守身守之本也是以古先哲王承歷數
之重爲華夷之主雖天下有一之不理皆爲
王政之缺而尤急于守身姦聲亂色足以蕩
吾守也則斥之淫樂慝禮足以移吾守也則
絕之便嬖側媚足以搖吾守也則遠之甘言
卑辭足以亂吾守也則放之雖在紛華波蕩
之中幽獨得肆之地而精之一之克之復之

凛然如對神明不敢失守者誠以能守其身
則能守天下也我
皇祖之訓曰人心虛靈乘氣機出入操而存之爲
難所以光啓
一統之業而垂之萬世者蓋本諸此今
陛下弘紹丕圖益敦
前烈
敬一有箴而操存于內者爲甚嚴五箴
察于外者爲甚密以

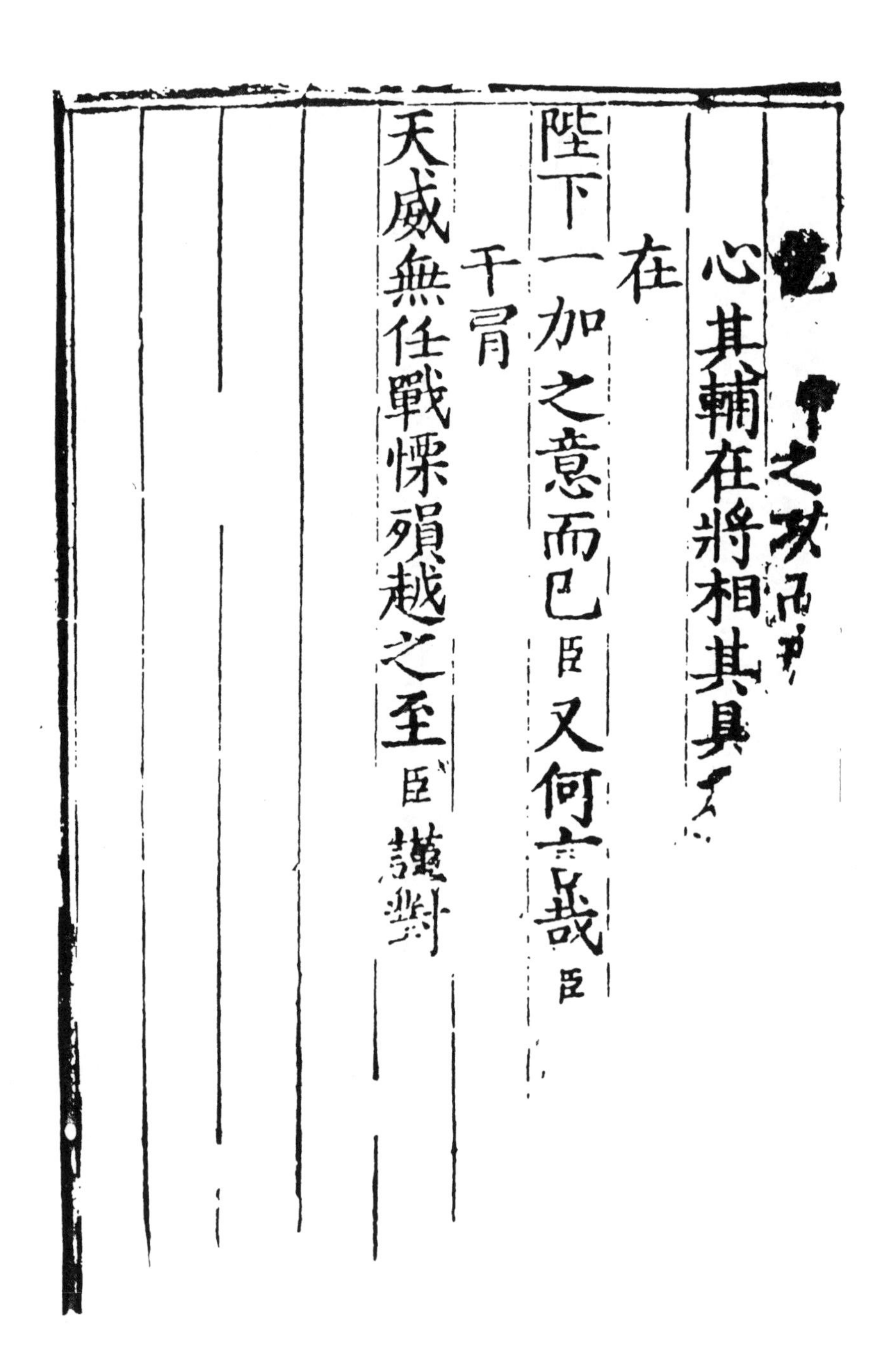

[illegible][illegible]之功[illegible][illegible]

心其輔在將相其具[illegible]

在

陛下一加之意而已臣又何言哉臣

干冐

天威無任戰慄殞越之至臣謹對

臣吳情

臣對臣聞帝王之制馭遠夷也心不可一
忘而其威則不可褻備不可一日弛而
則不可輕心不忘則本立本立而允塞
基矣備不弛則政脩政脩而無競之烈
夫允塞之猷日新之盛也無競
之大業也有盛德以來
折驕悍之氣所謂明
又何憂於遠人之
易悟明

備弛[illegible]其[illegible]
而守之以養吾[illegible]
也苟慮之不審持之[illegible]
于強弱之間則雖百戰[illegible]勝[illegible]
酒泉列亭障猶為策之[illegible]下者也[illegible]
當務哉故曰其政不在威強而在德[illegible]
不在兵食而在紀綱其本不在邊境而[illegible]
廷此則制馭萬全之常道而臣之所謂
可忘而備不可弛者誠亦有見于此[illegible]
忘則備弛用輕則威褻故雖款塞稱臣[illegible]

爲喜恣肆侵掠不足爲怒而吾之所以自治

者惟備禦之有素是圖也

陛下不以經生卑臣而頋錫之以

清問寛之以毋忌諭之以毋隱而且以父

治之道誘之使言臣雖愚鄙之不敢高

激思奮寧不有以一吐生之

自游學校常慨然有天

自附於孔明仲淹

遠夷振紀綱脩

老將猶謂兵難

矧經生以農之子雖心

欲掇拾舊聞以塞

明詔則亦何足以仰副

陛下保衛生靈撫安夷夏之盛心也哉

所聞又無可以效芹曝之獻者是故

允武之全德焉有無怠無荒之大猷

民而不毒民之仁焉有養兵而不窮兵

焉臣請爲

陛下一陳之臣聞夷狄之患自古有之而苗民逆
命昆夷不殄雖以虞周之盛亦不能
其制馭之道一則儆戒無虞一則脩
使後世圖治之君願治之佐仰哲
可及此則虞周之所以爲盛也
尚已姑自成周觀之
之德合采薇以下治
以致是者蓋曰緝熙敬
曰失文德

則其本既立而
當時抑又兵師之出
閭族黨州鄉之民
伍兩卒旅軍師之
厲之將固不外於鄉[illegible]
以兵農一致農聚而兵民[illegible]文武
而武亦振以之守者此道也以之戰者
道也與之守者此民也與之戰者[illegible]此民也
自時厥後知此義者則鮮矣是故漢則困於